essentials

essentials liefern aktuelles Wissen in konzentrierter Form. Die Essenz dessen, worauf es als „State-of-the-Art" in der gegenwärtigen Fachdiskussion oder in der Praxis ankommt. *essentials* informieren schnell, unkompliziert und verständlich

- als Einführung in ein aktuelles Thema aus Ihrem Fachgebiet
- als Einstieg in ein für Sie noch unbekanntes Themenfeld
- als Einblick, um zum Thema mitreden zu können

Die Bücher in elektronischer und gedruckter Form bringen das Expertenwissen von Springer-Fachautoren kompakt zur Darstellung. Sie sind besonders für die Nutzung als eBook auf Tablet-PCs, eBook-Readern und Smartphones geeignet. *essentials:* Wissensbausteine aus den Wirtschafts-, Sozial- und Geisteswissenschaften, aus Technik und Naturwissenschaften sowie aus Medizin, Psychologie und Gesundheitsberufen. Von renommierten Autoren aller Springer-Verlagsmarken.

Weitere Bände in dieser Reihe http://www.springer.com/series/13088

Dominik Große Holtforth

Schlüsselfaktoren im E-Commerce

Innovationen, Skaleneffekte, Daten und Kundenzentrierung

Springer Gabler

Prof. Dr. Dominik Große Holtforth
Hochschule Fresenius
Köln, Deutschland

ISSN 2197-6708 ISSN 2197-6716 (electronic)
essentials
ISBN 978-3-658-16433-1 ISBN 978-3-658-16434-8 (eBook)
DOI 10.1007/978-3-658-16434-8

Die Deutsche Nationalbibliothek verzeichnet diese Publikation in der Deutschen Nationalbibliografie; detaillierte bibliografische Daten sind im Internet über http://dnb.d-nb.de abrufbar.

Springer Gabler

Gedruckt auf säurefreiem und chlorfrei gebleichtem Papier

Springer Gabler ist Teil von Springer Nature
Die eingetragene Gesellschaft ist Springer Fachmedien Wiesbaden GmbH
Die Anschrift der Gesellschaft ist: Abraham-Lincoln-Str. 46, 65189 Wiesbaden, Germany

Was Sie in diesem *essential* finden können

- Eine Übersicht über die wichtigsten strategischen Erfolgsfaktoren in der Digitalisierung und ihre Anwendung als Schlüsselfaktoren in Geschäftsmodellen im E-Commerce.
- Eine Erläuterung der beim Einsatz dieser Schlüsselfaktoren entstehenden Dynamik.
- Eine Darstellung der Schlüsselfaktoren im E-Commerce und ihrer Voraussetzungen, Konkretisierung und Perspektiven.
- Ein Workflow und eine Agenda zur Umsetzung der Schlüsselfaktoren im E-Commerce sowie ein Ausblick auf weitere Entwicklungen im E-Commerce.

Vorwort

20 Jahre nach Beginn des Internet-Zeitalters scheinen die Machtverhältnisse in den neu entstandenen digitalen Märkten klar zu sein: Auf der einen Seite finden sich digitale „Pacemaker", zu denen u. a. Google, Apple oder der E-Commerce-Marktführer Amazon gehören. Diese US-amerikanischen Unternehmen wachsen mit Rekordraten und haben eine deutliche wirtschaftliche und technologische Dominanz erreicht. Erste Verfahren wegen Wettbewerbsbeschränkungen wurden angestoßen, da sich kleinere Unternehmen benachteiligt fühlen[1]. Auf der anderen Seite ist bislang kaum ein europäisches Unternehmen in die Liga der „Digitalen Supermächte" vorgedrungen. In der Wall Street Journal-Liste der „Unicorns", also solcher Start-up-Unternehmen, die mit mehr als einer 1 Mrd. US $ bewertet werden, belegt das führende europäische Unternehmen Spotify nur einen mittleren 15. Platz[2]. Auch in einer Auflistung der größten etablierten Internet-Unternehmen wird der Rückstand europäischer Unternehmen deutlich[3]. Gemessen an der Marktkapitalisierung erreicht der britische Modeanbieter ASOS in diesem Ranking nur einen hinteren 20. Platz.

Sind damit die Claims der Digitalisierung bereits abgesteckt? Teilen US-amerikanische und große chinesische Unternehmen die „Digitale Welt" unter sich auf? Darauf könnte es hinaus laufen, wenn nicht deutlich mehr Unternehmen, Branchen und auch Regierungen in Europa die Digitalisierung als Chance und

---

[1]Eine Suchfunktion für EU Wettbewerbsverfahren bietet die Generaldirektion Wettbewerb: http://ec.europa.eu/competition/general/overview_en.html abgerufen am 05.07.2016.

[2]Wall Street Journal: The Billion Dollar Startup Club 2016, http://graphics.wsj.com/billion-dollar-club/, abgerufen am 10.06.2016.

[3]https://en.wikipedia.org/wiki/List_of_largest_Internet_companies abgerufen am10.06.2016.

Herausforderung auffassen. Für viele ungelöste Probleme gilt es, mithilfe digitaler Technologien Lösungen zu finden, die die Verfügbarkeit und Verarbeitung von Informationen verbessern. Gerade im E-Commerce, der hier im Vordergrund steht, ist der Prozess der Digitalen Transformation noch keineswegs abgeschlossen. Zahlreiche Chancen ergeben sich aus der Entwicklung des mobilen Internets, der wachsenden Möglichkeiten der Datenanalyse und künstlicher Intelligenz. Auch die ökologische Bilanz des E-Commerce kann verbessert werden, indem Retouren und Verpackungsmaterial reduziert werden.

An diesen Entwicklungen sollten auch europäische Unternehmen in einem größeren Umfang als bisher teilhaben. Dabei ist der Anschluss an die Weltspitze digitaler Märkte durchaus noch erreichbar, wenn man die wesentlichen Erfolgsfaktoren in der Digitalisierung identifiziert und konsequent umsetzt. Diese Erfolgsfaktoren werden in diesem *essential* auf den E-Commerce angewendet und als Schlüsselfaktoren zu einem programmatischen Ansatz für die Digitale Transformation im Handel zusammengefasst.

Dieses *essential* wendet sich an Hersteller und Handelsunternehmen, die ihre Wettbewerbsposition im E-Commerce mit unternehmerischem Elan verbessern wollen. Diesen Unternehmen werden mit der Umsetzung der Schlüsselfaktoren grundlegende Impulse für die Neuausrichtung von Geschäftsmodellen, zur Gestaltung von Wachstumsprozessen und zur Erzielung nachhaltiger Erträge gegeben. Aber auch für Studierende im Fach E-Commerce soll das *essential* wichtige strategische Grundlagen vermitteln. Denn es geht über die Auflistung von operativen To-dos hinaus, deren Umsetzung allenfalls ein Nachholen der digitalen Exzellenz online führender Unternehmen wäre. Vielmehr geht es mir darum, solche Faktoren aufzuzeigen, die digitalen Technologien und E-Commerce zu disruptiver Wirkung verhelfen.

Mein Dank geht an meine Kollegen Prof. Dr. Heinz Walterscheid, Prof. Dr. Peter Bak und Prof. Dr. Richard Geibel, die durch gute Hinweise und Gespräche zur Entstehung dieses *essentials* beigetragen haben. Meiner Frau Uta, die mich nicht zum ersten Mal in arbeitsreichen Phasen unterstützt hat, gilt mein besonderer Dank.

Köln, Deutschland
im September 2016

Prof. Dr. Dominik Große Holtforth

Inhaltsverzeichnis

Einleitung 1

Der Entwicklung des E-Commerce verläuft in der Digitalen Transformation nach wie vor dynamisch. Als digitalisierter Kanal zur Versorgung von Konsumenten und Unternehmen mit Gütern und Dienstleistungen nimmt der Anteil des E-Commerce an den Umsätzen der wichtigsten Branchen weiter zu. Immer mehr Kunden entscheiden sich für das Internet, wenn sie Produkte auswählen und kaufen möchten. E-Commerce ist neben dem stationären Handel und dem Direktvertrieb zum etablierten Absatzkanal geworden.

Es wäre aber verkürzt, E-Commerce als reine Ergänzung zu bisherigen Absatzkanälen zu betrachten. Vielmehr wird E-Commerce zunehmend zu einer „Präferenzmaschine", die hilft, Kundenprobleme und Kundenwünsche immer besser zu verstehen und Lösungen anzubieten. Entscheidend für diesen Qualitätssprung ist unternehmerische Kreativität, die mithilfe digitaler Technologien Umfang, Geschwindigkeit und Intensität der Informationsverarbeitung maßgeblich erhöht hat. Die Digitale Transformation, in deren Rahmen sich der E-Commerce entwickelt, ist ein Prozess der Durchdringung immer weiterer Branchen, Wirtschafts- und Lebensbereiche von Software- und Hardwarelösungen.

Getrieben wird dieser Prozess ganz überwiegend von vergleichsweise jungen Unternehmen, die seit der Mitte der 1990er Jahre technologische Innovationen genutzt haben, um bessere Problemlösungen für Kundenprobleme zu entwickeln und diese in effizienteren Prozessen umzusetzen. Die erfolgreichen Unternehmen der Digitalen Transformationen folgen einem spezifischen Muster bei der Entwicklung von Geschäftsmodellen, beim Prozessaufbau und bei der Generierung von teilweise rasantem, noch nie da gewesenem Wachstum. Dieses Muster und Erfolgsrezept ist der zentrale Inhalt dieses *essentials.*

Aufgrund des programmatischen Charakters der Vorgehensweise der digitalen Pioniere wird dabei auf vier zentrale Erfolgsfaktoren fokussiert. Deren Einsatz

D. Große Holtforth, *Schlüsselfaktoren im E-Commerce,* essentials,
DOI 10.1007/978-3-658-16434-8_1

hat sich bei vielen marktführenden Unternehmen als Ursache für überdurchschnittliches Marktwachstum beobachten lassen. Die vier Faktoren sind:

- Digitale Innovationen,
- Skaleneffekte,
- Data Driven Marketing und
- Customer Centricity.

Betrachtet man die Digitale Transformation als ergebnisoffenen evolutorischen Prozess, sollte klar sein, dass bei ausreichendem unternehmerischem Elan auch heute und in Zukunft neue erfolgreiche Unternehmen und Geschäftsmodelle entstehen können. Dazu dürften die vier Erfolgsfaktoren auch weiterhin einen zentralen Beitrag leisten. Solange digitale Technologie weiterentwickelt wird, entstehen neue Potenziale für Unternehmerinnen und Unternehmer.

Dieses *essential* setzt daher die vier Erfolgsfaktoren modellhaft in Handlungsempfehlungen für die Gestaltung von E-Commerce-Geschäftsmodellen um, in denen sie als Schlüsselfaktoren Bedeutung haben. Die Empfehlungen richten sich an alle Unternehmen, die ihren Vertrieb und Absatz, ihr Marketing und ihr Customer Relationship Management zunehmend bis vollständig auf digitalen Plattformen organisieren. Das Modell und die daraus abgeleiteten Empfehlungen sind damit sowohl für reine Onlinehändler als auch für Multichannel-Händler und schließlich auch für Hersteller und Großhändler geeignet, um deren erfolgreiche Digitalisierung der Geschäftsmodelle zu unterstützen. Schließlich soll es auch Studierenden helfen, sich auf eine Tätigkeit im E-Commerce vorzubereiten.

Die Erfolgsfaktoren der Digitalisierung im Überblick 2

Die Art und Weise, wie Konsumenten Produkte kaufen, hat sich seit dem Beginn des Internet-Zeitalters Mitte der 1990er Jahre dramatisch verändert. Heute können Kunden auf E-Commerce-Plattformen auf ein kaum zu überblickendes Güterangebot zugreifen, das von einer immer größer werdenden Zahl von Unternehmen angeboten wird. Auch wenn in den meisten Ländern der überwiegende Teil der privaten Einkäufe noch in stationären Geschäften stattfindet, ist klar, dass E-Commerce ein wichtiger Teil des wirtschaftlichen und gesellschaftlichen Lebens geworden ist.

Bei der Entstehung des World Wide Web als Massenplattform für die Nutzung des Internet war E-Commerce eine der ersten Anwendungen, die auch bisherige Rückschläge wie zwei Börsen- und Finanzkrisen weitgehend unbeschadet überstanden hat. Tatsächlich hat sich der E-Commerce als kombinierter Kommunikations-, Absatz- und Distributionskanal nicht nur für den Business-to-Consumer-Einzelhandel, sondern auch für den Business-to-Business-Großhandel und für den direkten Absatz durch Hersteller (Direct to Consumer) etabliert. Die übergreifende Relevanz des E-Commerce belegen Daten und Prognosen zur Umsatzentwicklung nur allzu deutlich (s. Abb. 2.1).

2.1 State of the Art im E-Commerce

Dieser Siegeszug ist im Wesentlichen den Vorteilen geschuldet, die E-Commerce im Vergleich zu stationärem Handel bietet. E-Commerce ist als Prozess für alle Beteiligten – also im Wesentlichen Händler und Konsumenten – günstiger, flexibler, innovativer und damit dynamischer als die tradierten Formen des Einzel- und Großhandels. Die Stärken des E-Commerce werden schon bei der Definition

D. Große Holtforth, *Schlüsselfaktoren im E-Commerce,* essentials,
DOI 10.1007/978-3-658-16434-8_2

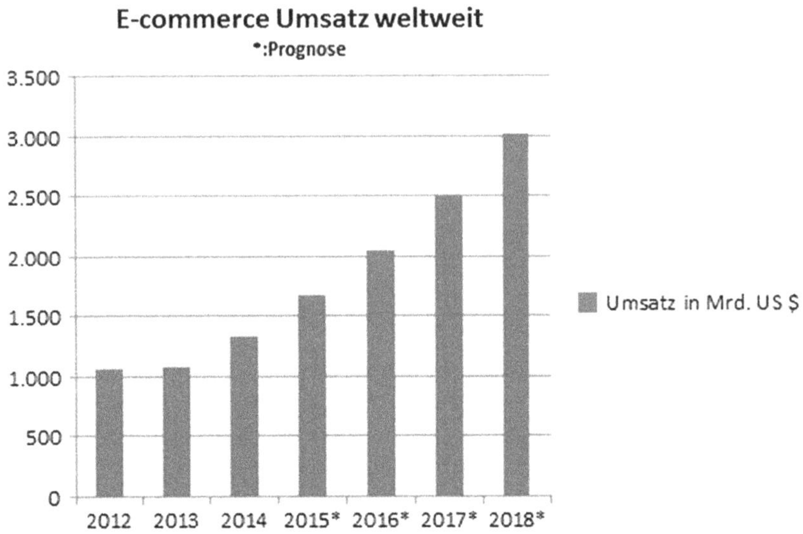

Abb. 2.1 E-Commerce weltweit. (Quelle: eMarketer und Statista 2015)

des E-Commerce deutlich. E-Commerce ist ein Absatzkanal, der auf **digitalen-vernetzten Handelsplattformen** den Abschluss von Kaufverträgen ermöglicht. Die auf diese Weise verkauften und erworbenen Güter werden **nach dem Abschluss** mit Hilfe von Paketversand- und Warenlogistik an den Käufer distribuiert, die Bezahlung erfolgt ebenfalls **ortsungebunden** über digitale Bezahlsysteme.

Die Vorteile und damit die Akzeptanz bei Kunden entstehen durch die Erhöhung der sachlichen, örtlichen und zeitlichen Freiheitsgrade. Für Konsumenten vergrößert sich die Zahl der angebotenen Produkte bei gleichzeitiger Unabhängigkeit vom Standort der Produkte. Auch zeitlich vergrößern sich die Möglichkeiten des Konsums, der im E-Commerce unabhängig von Öffnungszeiten und anderen Abläufen des Händlers erfolgen kann.

Aber auch für Händler bietet E-Commerce – wenn das Potenzial vollständig genutzt wird – zahlreiche Vorzüge. Durch Einsatz des Online-Kanals für den Absatz reduzieren sich die Kosten für stationäre Ladengeschäfte und Personal für deren Betrieb dramatisch (vgl. Heinemann 2010, S. 8). Eine im Vergleich zum stationären Handel deutlich vergrößerte Kundschaft kann rund um die Uhr durch die Bereitstellung digitaler Information adressiert werden. Auch viele andere Prozessschritte des Handels, wie etwa die Bezahlung, können automatisiert durchgeführt werden. Ein zentraler Effekt dabei ist die Entstehung von Skaleneffekten, die bei der Bereitstellung von digitalen Informationen und Prozessschritten zu einer besonderen Wachstumsdynamik führen können.

Da der E-Commerce Teil der hochdynamischen und innovativen Digitalen Transformation ist, besteht die Aussicht, dass noch bestehende Schwächen des E-Commerce durch weitere Innovationen beseitigt werden. Schwächen sind aus der Perspektive des Konsumenten Einschränkungen in der Qualitätsbeurteilung bestimmter, wenig normierter Produkte. Damit verbunden sind auch Einschränkungen in der Beurteilung der Reputation der Händler und der Qualität der durch die Verkäufer organisierten Prozesse. Eine weitere Schwäche betrifft – zumindest im Moment – das zeitliche Auseinanderfallen von Erwerb und Lieferung von Produkten, das für zusätzliche Unsicherheit sorgt (vgl. Graf und Schneider 2015, S. 150 f.).

Während die Kunden trotz noch bestehender Unvollkommenheiten eine überwiegend positive Bilanz des Onlineangebotes ziehen dürften, stellt sich das Bild für den Großteil der Einzelhändler deutlich ambivalenter dar. Es wäre eine verkürzte Darstellung, würde man neben den Kostenvorteilen der Händler ausblenden, dass vor allem der deutlich größere Wettbewerb die Situation gerade etablierter stationärer Händler dramatisch verändert hat (Handelsblatt 2014). Im gleichen Maße wie der Zugang zu Kunden durch das internationale Internet erleichtert wurde, ist auch der Wettbewerb um den online erreichbaren Kunden gestiegen. Das Internet hat also in erheblichem Umfang Markteintrittsbarrieren reduziert. Nicht mehr die Verfügbarkeit begrenzter Top-Lagen im stationären Einzelhandel ist entscheidend, sondern die Fähigkeit, Kunden über das Internet zu erreichen. Diese Fähigkeit ist auch im Jahr 25 des Online-Zeitalters höchst ungleich verteilt und führt zu disruptiven Verschiebungen auf der Anbieterseite (Laudon und Traver 2016, S. 360 f.).

2.2 GAFA – die „Pacemaker" der Digitalisierung

Die Fähigkeit, eine stetig größer werdende Zahl von Nutzern über das Internet zu erreichen und dort zu Kunden zu machen, hat im ersten Vierteljahrhundert des Internetzeitalters Unternehmen entstehen lassen, die in Bezug auf die Wachstumsdynamik alles zuvor Erlebte in den Schatten stellen. Diese häufig unter dem Akronym „GAFA" zusammengefassten „Pacemaker", also Schrittmacher der Digitalisierung und des E-Commerce, sind Google, Apple, Facebook und Amazon, ausnahmslos US-amerikanische Unternehmen (vgl. Graf und Schneider 2016). Es kann diskutiert werden, ob die Gruppe der „Digitalen Großmächte" damit vollständig ist. Gemessen an aktuellen Markt- oder Börsenzahlen dürfen zumindest chinesische Unternehmen wie etwa Alibaba nicht unerwähnt bleiben[1]. Noch jüngere Internet-Unternehmen wie Uber oder AirBnb haben zudem ebenfalls außerordentliches Wachstum erreicht. Allerdings hat die GAFA-Gruppe den chinesischen und jüngeren Herausforderern voraus, dass sie maßgebliche Technologien, Strukturen und Geschäftsmodelle in der Internetwirtschaft geschaffen hat und auch weiter entscheidend an der Weiterentwicklung der Internet-Technologie und Informationstechnologie beteiligt ist (Dernbach 2015).

Die GAFA-Gruppe ist deshalb interessant, da sie insgesamt wesentliche Kernbereiche der Internetwirtschaft repräsentieren und in engem Zusammenhang zu den vier Schlüsselfaktoren des E-Commerce stehen, die hier im Fokus sind. Diese Erfolgsfaktoren sind die Grundlage für den großen Erfolg und das rasante Wachstum der GAFA-Unternehmen und damit insgesamt prägend für die Digitale Wirtschaft.

2.3 Erfolgsfaktoren der Digitalisierung

Die Digitalisierung basiert auf grundlegenden Fortschritten im Bereich der Informations- und Kommunikationstechnologie. Das Internet hat das Potenzial dieser Technologie noch einmal erheblich gesteigert, indem es durch die Vernetzung von Computern die Verfügbarkeit von Rechnerleistung und Speicherkapazitäten erhöhen konnte. Auch die Einsatzmöglichkeiten der Informationstechnologie nehmen im Zuge der fortschreitenden Vernetzung permanent zu. Begriffe wie „Smart Home", „Smart Car" oder „Smart Cities" zeigen, dass wesentliche Bereiche unseres alltäglichen Lebens schon in naher Zukunft durch den Einsatz vernetzter Computer und deren Fähigkeiten verändert werden. (Schmidt und Rosenberg 2015, S. 11 ff.).

Träger dieses Wandels sind im Wesentlichen Unternehmen. Grundlage ist die Technologie, die mit hoher Dynamik und zahlreichen **Innovationen** von Unternehmen im Wettbewerb weiterentwickelt wird. Innovationen betreffen sowohl Hard- als auch Software, die für immer mehr Lebensbereiche und Industrien zu disruptiven Lösungen führen (Laudon und Traver 2016, S. 97). Disruptiv sind diese Lösungen, weil sie in der Lage sind, die Markt- und Machtverhältnisse sig-

[1]Eine Übersicht über die größten Internetfirmen weltweit wird unter https://en.wikipedia.org/wiki/List_of_largest_Internet_companies bereitgestellt.

Abb. 2.2 Skaleneffekte bei sinkenden Durchschnittskosten

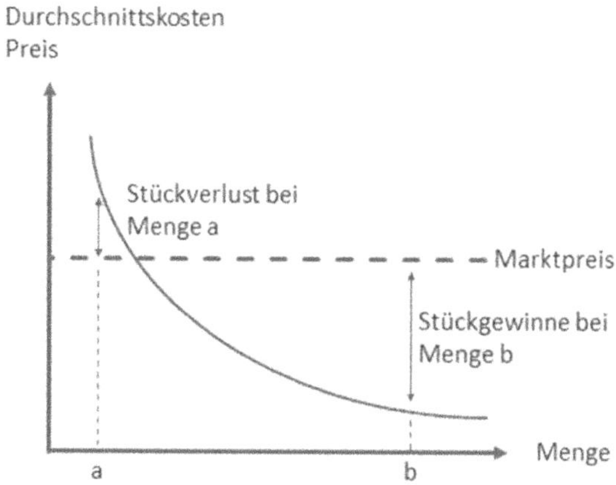

nifikant zu verschieben[2], indem sie Informationen verfügbar, speicher- und selektierbar machen sowie Informationsverarbeitung und Kommunikation erheblich vereinfachen.

Entscheidend für den ökonomischen Erfolg hochinnovativer Unternehmen der digitalen Wirtschaft ist die Kostenstruktur digitaler Prozesse und Leistungen. Die Digitalisierung von Informationen führt dazu, dass diese in deutlich größerer Geschwindigkeit und zu ungleich geringeren Kosten verarbeitet und distribuiert werden können, als das bei Informationsverarbeitung auf der Grundlage physikalischer Datenträger möglich war. Insofern ist jede Industrie, deren Kernleistungen digital sind oder auf digitalen Prozessen basieren, mit einer Kostenstruktur versehen, bei der hohe Fixkosten sehr geringen variablen Kosten gegenüberstehen. Im Zusammenspiel führt diese Diskrepanz zu **Skaleneffekten,** die sich in mit der Ausbringungs- oder Absatzmenge sinkenden Durchschnittskosten widerspiegeln. Diese bedeuten häufig einen signifikanten Effizienzgewinn, da mit weniger Aufwand mehr digitale Reichweite erzielt werden kann. Dieser Effizienzgewinn zeigt sich auch bei einem mit der Ausbringungsmenge steigenden Stückgewinn wie Abb. 2.2 zeigt.

Aber nicht nur Skaleneffekte führen zu Effizienzgewinnen bei digitalen Unternehmen. Erfolgreich digitalisierte Unternehmen nutzen regelmäßig auch die in erheblichem Umfang entstehenden Kundendaten, um Produktentwicklung und

[2]Der Begriff der Disruption wurde von Clayton Christensen eingeführt, der mit seinem Buch „The Innovators Dilemma" den besonderen Vorteil junger und innovativer Unternehmen herausgearbeitet hat (Christensen 2016).

Kundenansprache effizienter gestalten. Diese als **Data Driven Marketing** bezeichnete Vorgehensweise kann zu einer völlig neuen Kultur des Marketings führen, bei der mittels digitaler Technologien das Verhalten von Kunden auf digitalen Plattformen wesentlich detaillierter nachvollzogen werden kann, als das im stationären Handel jemals möglich war.

Data Driven Marketing würde aber hinter seinen Möglichkeiten bleiben, wenn der Analyse von Nutzungsdaten nicht auch eine verbesserte Interaktion und Kommunikation folgen würde. Erfolgreiche digitale Unternehmen verstehen es tatsächlich, sich mit den Nutzern digital zu vernetzen und Ihnen eine exzellente Nutzungserfahrung zu ermöglichen. Die diesen Anstrengungen zugrunde liegende **Customer Centricity** geht als Unternehmenskultur weit über die herkömmliche Kundenorientierung hinaus. Während bei traditionellen Unternehmen regelmäßig das Produkt im Mittelpunkt steht, über das sich ein Unternehmen definiert („Wir sind ein Autobauer"), ist bei einem kundenzentrierten Unternehmen die Gesamtheit der Erfahrungen der Kunden Maßstab für die Entwicklung von Leistungen und deren Umsetzung. Schwindet also bei Kunden das Interesse an einem Produkt, dann wird das Produkt verändert und nicht etwa nach neuen Kunden gesucht.

Damit sind die wesentlichen Erfolgsfaktoren und Wachstumstreiber aufgeführt, die nicht nur bei den GAFA-Pacemakern der Digitalisierung, sondern auch bei vielen Online Pure Playern[3] im E-Commerce zu erheblichem Marktanteilswachstum geführt haben. Im E-Commerce sind die Erfolgsfaktoren tatsächlich Schlüsselfaktoren: Um Wettbewerbsfähigkeit zu erreichen, reicht es nicht aus, einzelne Faktoren zu fokussieren. Vielmehr müssen alle Schlüsselfaktoren und ihr Zusammenspiel umgesetzt werden, um im hochkompetitiven E-Commerce erfolgreich zu sein.

2.4 Schlüsselfaktoren im E-Commerce – das Modell

Es wäre eine allzu deterministische Sichtweise, würde man den Wettbewerb im E-Commerce als bereits entschieden ansehen. Zum einem sind viel zu viele Märkte involviert, die für eine große Zahl noch möglicher Innovationen offen sind. Zum anderen verändern sich die Ausgangspositionen im Wettbewerb im Internet mit jeder neuen Technologie, die die Internetnutzung weiterentwickelt. Es hängt von der unternehmerischen Energie ab, welche Unternehmen und welche Plattformen

[3]Als Online Pure Player werden solche E-commerce Unternehmen bezeichnet, die ihre Produkte ausschließlich Online anbieten.

auch in Zukunft die Gunst der Nutzer und Kunden finden. Dass diese als Zielgruppen immer fragmentierter werden und sich für individuelle Lösungen entscheiden, ist ein fortbestehender Befund der ersten 20 Jahre der Digitalen Transformation.

Die vier Erfolgsfaktoren der Digitalisierung sind für den Electronic Commerce Schlüsselfaktoren. Aufgrund der besonderen Bedeutung der Kundenbeziehung im Electronic Commerce sowie der hohen Wettbewerbsintensität ist nachhaltiger Erfolg ohne den Einsatz aller vier Faktoren nicht vorstellbar. Sie bleiben daher auch weiterhin die zentralen Wachstums- und Erfolgstreiber im E-Commerce. Dabei bleibt vor allem die besondere Dynamik interessant, die bei einer Umsetzung der Schlüsselfaktoren zu einer Verstärkung von Wachstumsprozessen führt. Diese wird im Folgenden modellhaft dargestellt.

Das Modell folgt vergleichbaren Modellen aus dem Bereich Business Modell Generation (Osterwalder und Pigneur 2010), hat also seine wesentliche Logik aus der Weiterentwicklung von strategischen Erfolgsfaktoren. Es basiert auf einigen zentralen Beobachtungen und Parametern, die sich als dem Modell zugrunde liegenden Prämissen wie folgt formulieren lassen:

- Prämisse 1: In Geschäftsmodellen des E-Commerce sind digitale Plattformen wie der Onlineshop essenziell und Schlüssel-Ressourcen.
- Prämisse 2: Die Leistungs- und Managementprozesse des E-Commerce lassen sich – analog zu den Anwendungsebenen in „Frontend-“ und „Backend-Prozesse“ unterscheiden. Dabei adressieren Frontend-Prozesse die Kunden, während Backend-Prozesse für Kunden und Wettbewerber nicht-öffentliche Managementebene des E-Commerce sind.
- Prämisse 3: Die zentralen Leistungsprozesse des E-Commerce sind Online-Marketing und Logistik, die jeweils einen von Nutzern und Kunden wahrnehmbaren Frontend-Teil sowie einen nicht-öffentlichen Backend-Teil haben.
- Prämisse 4: Alles, was digitalisiert werden kann, wird auch digitalisiert – digitale Innovationen sind der Ausgangspunkt der Digitalisierung im Handel und damit für den E-Commerce.
- Prämisse 5: Digitale Technologien haben höhere Skaleneffekte als real-physikalische Technologien.
- Prämisse 6: Der Einsatz digitaler Plattformen zur Abwicklung von Transaktionen ermöglicht die Erhebung von Daten zum Ablauf der Transaktionen und zur Nutzung der Plattform.

Abb. 2.3 stellt die vier Faktoren, ihre Interdependenzen und ihre Auswirkung auf die Erfolgsgrößen im E-Commerce dar.

Abb. 2.3 E-Commerce Schlüsselfaktoren – das Modell

Im Zusammenwirken der vier Schlüsselfaktoren entsteht ein Prozess mit zweifacher Verstärkung. Skaleneffekte führen im Zusammenhang mit digitalen Innovationen zu überdurchschnittlichen Gewinnen. Diese wiederum werden in weitere Innovationen mit weiteren Skaleneffekten investiert. Im zweiten Wirkungskreis des Modells führt Customer Centricity im Zusammenwirken mit datengestütztem Marketing – Data Driven Marketing – dazu, dass Kundenbeziehungen erfolgreicher und nachhaltiger sind[4].

Grundlage für das Modell ist der Onlineshop als Digitale Plattform, die in zwei Bereiche – Frontend und Backend – gegliedert werden kann. Digitale Innovationen können in beiden Bereichen eingesetzt werden, wobei das Gros der Innovationen für Kunden und Wettbewerber im Backend verborgen bleiben. Digitale Innovationen für die beiden Kernprozesse Online-Marketing und Logistik führen zu Skalierungspotenzial, das wiederum für Effizienzgewinne steht. Diese stehen im Zusammenhang mit Datenanalysen zur Verfügung, um weitere Innovationen und Kundenzentrierung zu etablieren und zu finanzieren.

[4]Das Modell weist in der Fokussierung auf abgrenzbare Schlüsselfaktoren Parallelen zu den „Sieben Managementprinzipien für dauerhaften Unternehmenserfolg" von Jim Collins auf (Collins 2001). Da Collins branchenübergreifende Faktoren vorstellt, sind die hier diskutierten E-Commerce-Schlüsselfaktoren spezifischer. Außerdem war um die Jahrtausendwende, als Collins' Ansatz entstand, die Dynamik der Digitalen Transformation noch nicht erkennbar.

2.5 E-Commerce Schlüsselfaktoren in Geschäftsmodellen

Zur Implementierung der Schlüsselfaktoren im Rahmen des E-Commerce-Geschäftsmodells lässt sich das Business Model Canvas von Osterwalder und Pigneur heranziehen (Osterwalder und Pigneur 2010). Bei dieser Darstellungsform für Geschäftsmodelle werden drei Bereiche abgebildet, für die spezifische Ressourcen und Prozesse identifiziert werden können. Beim Bereich „Kunden" geht es um Kundensegmente, Kundenbeziehungen und Kanäle, während der Bereich Organisation durch Schlüsselressourcen, Schlüsselaktivitäten und Schlüsselpartner zusammenfassend abgebildet wird. Die finanzielle Dimension eines Geschäftsmodells wird vereinfacht durch Kosten- und Erlösgrößen abgebildet.

In Abb. 2.4 sind die Bereiche, Ressourcen und Prozesse für den E-Commerce-Kontext dargestellt. Es wird auch gezeigt, wo die E-Commerce Schlüsselfaktoren implementiert werden können.

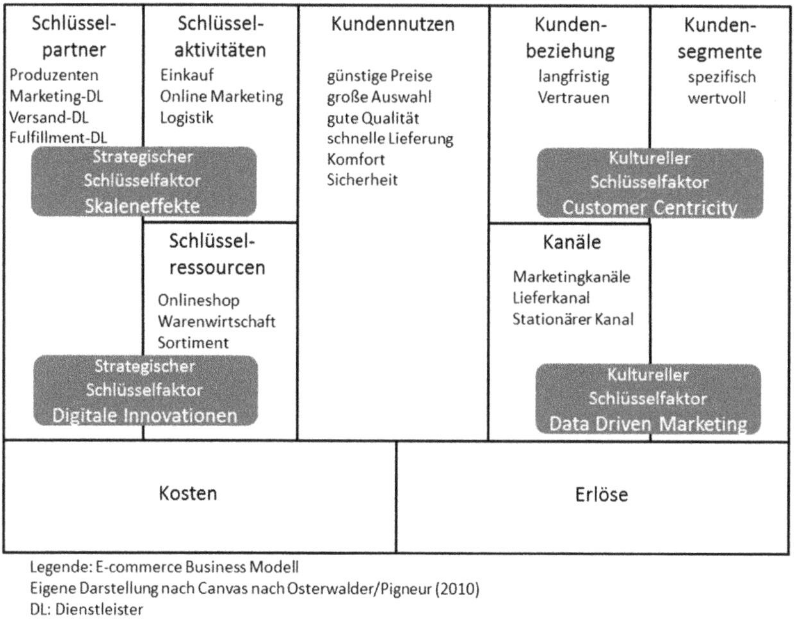

Abb. 2.4 E-Commerce Business Canvas und E-Commerce Schlüsselfaktoren im Überblick

Das Canvas hilft, die Einsatzbereiche der vier Schlüsselfaktoren zu spezifizieren. Während Customer Centricity und Data Driven Marketing sich vor allem auf die Interaktion mit Kunden beziehen, haben digitale Innovationen und Skaleneffekte größere Relevanz für den operativen Bereich des Unternehmens. Dabei sind Customer Centricity und Data Driven Marketing langfristig wirkende kulturelle Schlüsselfaktoren, die wesentliche Aspekte der Kundenbeziehung betreffen. Dagegen lassen sich sowohl Skaleneffekte als auch digitale Innovationen als strategische Schlüsselfaktoren unmittelbarer mit Zielen verknüpfen und entsprechend effektiver umsetzen. Allerdings bleibt das Potenzial der strategischen Schlüsselfaktoren ohne Veränderungen in der Unternehmenskultur suboptimal.

3 Digitale Innovationen im E-Commerce

„Alles, was digitalisiert werden kann, wird auch digitalisiert“ – so ein bekanntes Leitmotiv der Digitalisierung[1]. Digitalisierung aber bedeutet nichts anderes als den Einsatz von Computern, von Hard- und Software. In dieser Technologie und in digitalen Innovationen liegen Ursprung und Perspektive der Digitalen Transformation. Diese können wie folgt definiert werden:

▶ Digitale Innovationen strukturieren, standardisieren und automatisieren Prozesse und einzelne Prozessschritte mithilfe digitaler Informationstechnologie. Dabei werden die Kosten dieser Prozesse gesenkt, die Qualität vereinheitlicht und in der Regel erhöht. Da die Prozesse mittels Hard- und Software absolviert werden, entstehen Daten, die gespeichert und analysiert werden können.

3.1 Voraussetzungen für digitale Innovationen

Digitale Innovationen als zentraler Erfolgsfaktor der Digitalisierung werden von Unternehmen mit hoher Innovationsneigung und digitaler Kultur eingesetzt. Diese Unternehmen entwickeln digitale Lösungen für ihre Kunden und setzen in ihren Leistungsprozessen mit hoher Priorität neue Software-Lösungen ein.

Determinanten der Innovationsneigung von Unternehmen sind gut dokumentiert und haben auch für den E-Commerce Relevanz (Hauschildt und Salomo 2007, S. 115 ff.). Besonders innovativ sind naturgemäß junge, neu gegründete

[1]Dieses „Leitmotiv“ wird Apple zugeschrieben, wobei man den Apple-Slogan aus dem Jahr 2009 „There is an App for that“ allerdings sehr frei übersetzt.

D. Große Holtforth, *Schlüsselfaktoren im E-Commerce,* essentials,
DOI 10.1007/978-3-658-16434-8_3

Unternehmen. Diese sind der maßgebliche Träger des digitalen Strukturwandels. Im E-Commerce werden diese Unternehmen als Pure Player bezeichnet, wenn sie ausschließlich online verkaufen. Häufig haben diese Unternehmen bei der Etablierung des E-Commerce in ihren jeweiligen Produktmärkten eine Pionierfunktion übernommen. Diese hat geholfen, den Online-Handel der jeweiligen Warenkategorie zu etablieren. Beispiele für solche Pionier-Pure-Player in Deutschland sind etwa Zalando, Zooplus oder Notebooksbilliger.de. Diese und viele andere Unternehmen wirken disruptiv auf die etablierten Handelsstrukturen (Heinemann 2015).

Doch auch etablierte stationäre Händler können eine weit überdurchschnittliche Innovationsneigung entwickeln und als Multichannel-Händler mit stationären und digitalen Verkaufskanälen digitale Innovationen einsetzen. Grundsätzlich ist diese Gruppe in der Rolle der „Incumbents", also der „alteingesessenen" Unternehmen, die von neu in den Markt eingetretenen Start-ups angegriffen werden. Es gibt aber auch Beispiele von langjährig am Markt tätigen Händlern, die ihre Geschäftsmodelle und -prozesse digitalisieren. Ein US-amerikanischer Einzelhändler mit besonders hoher Innovationsneigung ist CVS Health (Quelle: fastcompany.com/company/cvs-health). Besondere Anstrengungen für Exzellenz im Online-Handel finden sich auch in Firmen aus Deutschland wie etwa Gerry Weber, Douglas oder Hornbach[2].

Maßstab für die tatsächliche Innovationsneigung sind die konsequente Anwendung und das Primat der digitalen Innovation und Lösung für ein Kunden- oder Prozessproblem. Dieses Primat muss auf allen Entscheidungsebenen, in allen Prozessen und bei allen Mitarbeitern wirken. Da Träger der digitalen Innovation die Mitarbeiter sind, müssen diese eine hohe Bereitschaft und Akzeptanz für softwaregestützte Prozesse und Lösungen mitbringen.

So, wie es Unternehmen mit besonders hoher Innovationsneigung gibt, weist aber auch ein nicht kleiner Anteil etablierter Einzelhandelsunternehmen nur eine geringe Innovationsneigung aus. Eine Umfrage des DIHK zeigte für das Jahr 2014 erhebliche Digitalisierungsmängel auf. So waren im Handel nur 20 % der Unternehmen digital voll oder gut entwickelt. Abb. 3.1 zeigt die Ergebnisse dieser Umfrage.

Für die nur gering digitalisierten Unternehmen muss davon ausgegangen werden, dass viele aufgrund eines Mangels an Innovationsneigung und Digitalisierung den Anschluss an den sehr dynamisch verlaufenden Transformationsprozess

[2]Diese Unternehmen belegen neben anderen erste Plätze beim Internet World Business Online Shop Award 2016 (Internetworld 2016).

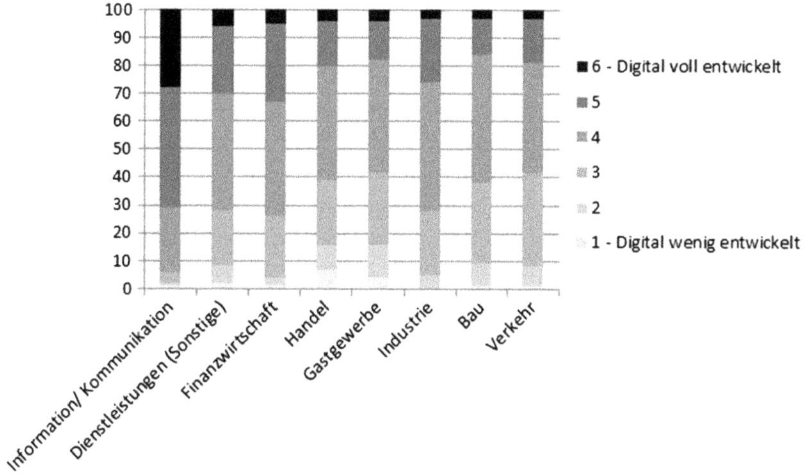

Abb. 3.1 Stand der Digitalisierung der Unternehmen in Deutschland 2014. (Quelle: DIHK und Statista)

verpassen. Der Verlust von Marktanteilen ist ein zwar schleichender, aber deutlicher Ausdruck der fehlenden Zukunftsfähigkeit. Im weiteren Verlauf der Transformation verlieren diese Unternehmen so viele Kunden, dass sie aus dem Markt ausscheiden müssen.

3.2 Innovationsfelder im E-Commerce

Der Einsatz digitaler Innovationen im Handel ist rund 20 Jahre nach Beginn der Digitalen Transformation[3] in vielen Bereichen sichtbar, manchmal sogar bereits – auch aufgrund hoher Dynamik – kaum noch zu überblicken. Umso wichtiger ist es daher, bestehende und neue Innovationen zu systematisieren, um damit eine Struktur für das Potenzial weiteren Fortschritts zu erhalten. Die für die Disruption von Geschäftsmodellen maßgeblichen Innovationen im E-Commerce können in Frontend- und Backend-Innovationen unterschieden werden. Mit „Frontend“

[3]Als Geburtsstunde des aktuellen E-Commerce werden die Gründungen von amazon (1994) und ebay (1995) herangezogen.

bezeichnet man die für die Nutzer und Kunden zugänglichen und relevanten Anwendungen des Onlineshops. Aber auch Präsenzen in den sozialen Medien und Applikationen für Mobilgeräte zählen zum Frontend.

Das wesentlich umfangreichere E-Commerce-Backend dagegen umfasst alle administrativen Prozesse, zu der auch die Unternehmenssteuerung, die Steuerung der Online-Marketing- und der Logistik-Prozesse gehören. Diese Innovationen wirken vor allem durch die Vereinfachung und Automatisierung von Prozessen, wie etwa bei der Einlagerung von Produkten. Als digitale Innovationen führen sie ebenfalls zu Skaleneffekten, die im vierten Kapitel beschrieben werden. Besonders interessant sind solche Backend-Innovationen, bei denen durch Rechnerleistung die „Intelligenz der Systeme" erhöht wird: Algorithmen, die optimale Lagerplätze berechnen, Filterprozesse und Personalisierungsoptionen in der Sortimentsgestaltungen stehen für solche Innovationen, bei denen eine Software operative Abläufe optimiert.

Backend-Innovationen haben im Gegensatz zu Frontend-Innovationen den entscheidenden Vorteil, dass sie von Wettbewerbern nicht ohne weiteres identifiziert und kopiert werden können. Backend-Innovationen reduzieren die Prozesskosten, während Frontend-Innovationen die Kaufentscheidung der Kunden positiv beeinflussen und damit Größen wie Conversions, also Bestellungen und Umsatz, erhöhen.

3.2.1 E-Commerce-Innovationen im Frontend

Im Frontend haben Innovationen im Wesentlichen die Aufgabe, Nutzern und Kunden ein Höchstmaß an Usability (Funktionalität und Bedienfreundlichkeit) und eine positive User Experience (Nutzungserlebnis) zu vermitteln[4]. Diese beiden Aufgabenbereiche, die vor allem bei der Programmierung und Gestaltung des Onlineshops sowie dazugehöriger mobiler Applikationen gestaltet werden, bestimmen zusammen mit Wettbewerbsfaktoren wie Produktqualität, Produktpreise und Services den Markterfolg durch Alleinstellungsmerkmale.

Die Prozesse im E-Commerce können mithilfe einer E-Commerce-Systemlandschaft abgebildet werden, bei der das Onlineshop-System das Zentrum bildet. Abb. 3.2 illustriert eine idealtypische E-Commerce-Systemlandschaft.

---

[4]Vorbildhaft für das Streben nach herausragender Customer- und User Experience ist die Strategie von Steve Jobs bei Apple, die im Rahmen der Digital-Hub-Strategie eine ganzheitliche User Experience entwickelt hat (Schlender und Tetzeli 2015, S. 288).

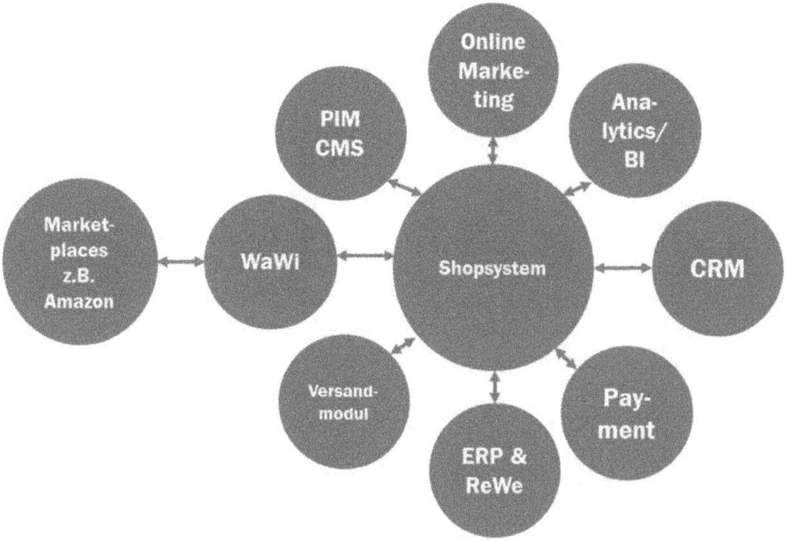

Legende:
WaWi: Warenwirtschaft, PIM: Product Information Management, CMS: Content Management System, BI: Business Intelligence, CRM: Customer Relationship Management, ERP: Enterprise Ressource Planning, ReWe: Rechnungswesen

Abb. 3.2 E-Commerce Systemlandschaft

Im Rahmen des technischen Fortschritts in der Informationstechnologie zeichnen sich u. a. künftige Innovationen mit Potenzial auf flächendeckenden Einsatz vor allem in folgenden Bereichen ab:

- Nutzerbezogene Personalisierung des Onlineshops
- Immer bessere automatisierte Produktempfehlungen durch Recommendation Engines
- Anpassung des Onlineshops an verschiedene Endgeräte, vor allem an die mobile Nutzung
- Einsatz von Augmented und Virtual Reality zur Produktdarstellung und -prüfung
- Bilderkennung von Produkten und Integration von Barcode-Scanning-Methoden
- Berücksichtigung des Nutzerstandorts beim GeoTargeting
- Einsatz von Sprachsteuerung und Assistenzsystemen im E-Commerce

- Verknüpfung von Haus- und Elektronikgeräten und E-Commerce-Plattformen
- Einsatz von Datenanalysen zur Vorhersage relevanter operativer Parameter.

3.2.2 E-Commerce-Innovationen im Backend

Backend-Innovationen betreffen die beiden Kernprozesse Logistik und Online-Marketing, während Frontend-Innovationen den für die Kunden sichtbaren Teil des E-Commerce-Systems betreffen. Im Backend-Bereich dieser Kernprozesse werden durch Automatisierung und Einsatz von rechnergestützten Lösungen die Qualität und die Effizienz der Prozessschritte sukzessive erhöht. So werden Durchlaufzeiten in der Logistik genauso reduziert wie Streuverluste im Online-Marketing.

Online-Marketing-Kampagnen werden in innovativen E-Commerce-Unternehmen personalisiert ausgespielt und sind wirkungsvoller als klassische Werbung mit hohen Streuverlusten. Die Kehrseite der „Innovationsmedaille" im Online-Marketing sind häufig allzu großzügige Datensammlung und -verwendung bei E-Commerce-Unternehmen. Es hängt vom Vertrauen der Nutzer ab, inwieweit sie die Nutzung von Daten zur Verbesserung der Zielgenauigkeit von Werbemaßnahmen freigeben oder ob sie die Anonymität vorziehen. Digitale Innovationen im Online-Marketing müssen also auch akzeptiert werden. Das gelingt umso leichter, je größer und sichtbarer der Nutzen für die Kunden ist.

Beispiel

Bei Online-Optikern werden Augmented-Reality-Anwendungen eingesetzt, damit ein Kunde online die neue Brille anprobieren kann. Im Modehandel werden Body Scans eingesetzt, um die Passgenauigkeit von Bekleidung sicherzustellen.

In der Logistik können einige zentrale Innovationsthemen identifiziert werden (vgl. DHL o. J.). Dazu gehört die Integration von Daten entlang der gesamten Supply Chain, sodass Logistikprozesse über digitale und in Netzwerken verfügbaren Daten gesteuert und optimiert werden können. Die bereits etablierten Innovationen beschleunigen die Lieferung und erhöhen die Transparenz des Lieferprozesses. Auch der Aufwand für die schnelle Lieferung wird reduziert. Damit verbessert sich das logistische Angebotsspektrum der Versandhändler bei gleichzeitig wachsendem Vertrauen der Kunden in die Lieferqualität.

Beispiel

Zwei bekannt gewordene Beispiele für Logistikinnovationen stammen aus dem Amazon Fulfillment. Zum einem zeigt die per Algorithmus festgelegte Platzierung von Artikeln im Lager, dass Software-Einsatz auch in eigentlich wenig komplex scheinenden Prozessschritten wie beispielsweise der Einlagerung Vorteile bringen kann. Dazu gehört die Vermeidung von Fehlentnahmen aufgrund von Ähnlichkeiten bei nebeneinander eingelagerten Produkten. Der zweite Vorteil ist die Optimierung der Laufwege für die Lagerarbeiter, die die Artikel aus dem Lager entnehmen (Baraniuk 2015).

Das zweite Beispiel ist ein Patent, das Amazon auf so genanntes „Anticipatory Shipping" angemeldet hat. Dabei wird aus der Auswertung von Bestelldaten antizipiert, wann welche Artikeln in welche Regionallager geliefert werden müssen. Im Ergebnis kann Amazon die Artikel schneller ausliefern als die Wettbewerber (Kopalle 2014).

3.3 Innovationen im Wettbewerb

> „When behind, leapfrog" – Steve Jobs

Innovationen führen zu Alleinstellungsmerkmalen und damit zu Wettbewerbsvorteilen sowie zu Marktanteilsgewinnen. Sie sind ein wesentlicher Treiber für das Wachstum des E-Commerce, denn sie erhöhen die Leistungsfähigkeit und die Ressourceneffizienz der Unternehmen. Bei den Nutzern erhöhen Innovationen im Frontend-Bereich die Akzeptanz für E-Commerce-Angebote, zumal verbesserte Prozesseffizienz häufig auch in günstigere Preise, verbesserte Produktqualität, schnellere Lieferungen und andere Services mündet. Nicht zuletzt führt datenbasierte Prozesssteuerung zu einer Verbreiterung des Kundenwissens, das wiederum die Basis für Kundenzentrierung ist (vgl. Kap. 6).

Vor allem Amazon hat als dominierendes E-Commerce-Unternehmen eine Vielzahl von Innovationen entwickelt und auch patentieren lassen (Quelle: United States Patent and Trademark Office, http://patft.uspto.gov/). Technologieorientierung und hohe Innovationsneigung haben über Wettbewerbsvorteile zu erheblichem Wachstum der Plattform und des Unternehmenswerts geführt. Damit gelingt es Amazon, immer weitere Bereiche der Wertschöpfungs- und Lieferkette im E-Commerce in seinem Leistungsumfang abzudecken, was die Dominanz weiter erhöht.

Der Vorsprung von Amazon und anderen besonders innovativen Unternehmen im E-Commerce ist also bereits jetzt schon erheblich. Das zeigt auch ein direkter Vergleich von Patentanmeldungen von E-Commerce-Unternehmen[5]. Allerdings bieten sowohl die weitere Evolution digitaler Technologie als auch die Dynamik im E-Commerce immer neue Chancen, Wettbewerbsvorsprünge mit Hilfe von Innovationen zu erreichen. Unternehmen haben auch mehr als 20 Jahre nach Beginn der Internetrevolution ausgezeichnete Chancen, ihre Wettbewerbsposition zu verbessern. Eine Blaupause bietet wie häufig Unternehmerlegende Steve Jobs, dem das Prinzip des „When behind – leapfrog“ zugeschrieben wird: Wenn man hinter seine Konkurrenten zurückgefallen ist, sollte man eine aktuelle Entwicklungsstufe schlicht (wie ein Frosch) überspringen und zur übernächsten wechseln (Isaacson 2012).

[5]Dieser kann in den öffentlich zugänglichen Patent-Datenbank des United States Patent and Trademark Office (http://patft.uspto.gov/) und des Europäischen Patentamts (http://www.epo.org) durchgeführt werden.

Plattformwachstum durch Skaleneffekte

4

Neben den digitalen Innovationen sind Skaleneffekte ein weiterer strategischer Schlüsselfaktor im E-Commerce. Skaleneffekte beschreiben als zweiter Schlüsselfaktor einen zentralen ökonomischen Mechanismus der Digitalisierung, der gerade für den E-Commerce eine große Relevanz hat. Dieser Mechanismus ist entscheidend für den langfristigen Erfolg und vor allem für die Finanzierung von Innovationen und Customer Centricity. Skaleneffekte sorgen dafür, dass digitale und innovative Plattformen größer werden und zu einem nachhaltigen Unternehmenswachstum führen. Das zeigen bereits jetzt die derzeit erfolgreichsten Unternehmen der Digitalisierung, die alle deutliche Skaleneffekte aufweisen (Vega et al. 2016, S. 166).

4.1 So entstehen Skaleneffekte im E-Commerce

Bei Skaleneffekten ist die Kostenstruktur entscheidend für den Wachstumsprozess eines Unternehmens. Diese ist geprägt von hohen Fixkosten, während die variablen Kosten sehr gering sind (Varian 2003). Das führt zu einem typischen Verlauf der Durchschnittskostenkurve, bei der die durchschnittlichen Kosten zunächst sehr hoch sind und mit steigender Ausbringungsmenge immer geringer werden. Die mit der Ausbringungsmenge sinkenden Durchschnittskosten führen dann dazu, dass bei Unternehmen mit Skaleneffekten bei wachsender Ausbringungsmenge der Stückgewinn zunimmt.

Bei der Recherche nach Unternehmen mit starken Skaleneffekten wird rasch deutlich, dass gerade digitale Geschäftsprozesse aufgrund der zugrunde liegenden Technologie zu hohen Skaleneffekten führen. Digitale Plattformen haben eine

D. Große Holtforth, *Schlüsselfaktoren im E-Commerce,* essentials,
DOI 10.1007/978-3-658-16434-8_4

stark unausgeglichene Kostenstruktur, bei der den hohen Fixkosten der Programmierung und Implementierung der Plattform nur sehr geringe Kosten der Vervielfältigung und Distribution gegenüberstehen. Ursächlich dafür sind fehlende oder nur bei sehr hohen Nutzerzahlen relevante Kapazitätsgrenzen, die ein starkes Wachstum einer Plattform ohne zusätzlichen Aufwand möglich machen.

Digitale Plattformen, die starke Skaleneffekte aufweisen, sind etwa Onlineshops, Digitale Marktplätze, soziale Netzwerke, Content-Plattformen oder auch Suchmaschinen. Aber auch nicht-digitale Leistungsprozesse weisen relevante Skaleneffekte auf. So weist auch die Logistik als – neben dem Online-Marketing – zweitem Kernprozess des E-Commerce erhebliche Skaleneffekte auf: Bis zur Kapazitätsgrenze können Logistikressourcen Fulfillment-Vorgänge zu in der Regel geringen Durchschnittskosten abwickeln. Je stärker dabei Automatisierung eingesetzt wird, umso deutlicher können Durchschnittskosten reduziert werden.

4.2 Wirkungen von Skaleneffekten

Skaleneffekte sind aufgrund der steigenden Gewinne vor allem im wettbewerbsintensiven und dynamischen Teil des E-Commerce relevant. Dort konkurrieren Unternehmen mit ähnlichen Sortimenten und Plattformen um die gleichen Zielgruppen. Unternehmen, deren Plattform das höchste Wachstum erreicht und somit den Markt dominiert, erreichen das häufig durch Verdrängung von Wettbewerbern, die eben über nur geringere Skaleneffekte verfügen. Führende Unternehmen können und müssen überdurchschnittliche Gewinne durch Skaleneffekten erzielen, um weitere Innovationen und Kundenzentrierung zu finanzieren.

Eine weitere Verstärkung von Skaleneffekten im E-Commerce kann entstehen, wenn zusätzlich Netzwerkeffekte auftreten. Während bei Skaleneffekten nur die Kostenseite einer Plattform vom Wachstum der Plattform profitiert, entsteht bei Netzwerkeffekten auch ein expansiver Effekt auf der Nutzerseite. Ein Netzwerkeffekt liegt vor, wenn eine Erhöhung der Nutzerzahl allen Nutzern einen Vorteil bringt. Der Netzwerkeffekt ist typisch für soziale Netzwerke, aber auch für digitale Marktplätze im E-Commerce. Dort ist der Netzwerkeffekt sogar beidseitig: steigt die Anzahl der Anbieter auf einem Marktplatz, nimmt die Attraktivität für die Nutzer und Kunden zu. Steigt wiederum die Zahl der Nutzer und Kunden, werden auch weitere Anbieter auf die Plattform kommen. Insgesamt tendiert ein E-Commerce-Marktplatz mit Skalen- und Netzwerkeffekt zur Monopolisierung (vgl. Thiel und Masters 2015, S. 27 ff.).

Skaleneffekte helfen einem E-Commerce-Unternehmen, die Wettbewerbsposition zur Finanzierung von digitalen Innovationen und der aufwendigen Kundenzentrierung zu nutzen. Allerdings ist das Zusammenwirken von Skaleneffekten, Innovationen und Kundenzentrierung nicht immer reibungs- und widerspruchslos: Skaleneffekte bedeuten zunächst einmal Prozesse mit sich massenhaft wiederholenden identischen Teilschritten. Die Repetition der Teilschritte mag vordergründig Kundenzentrierung und dem Streben nach Innovation zu wider zu laufen. Man erwartet bei innovativen und kundenzentrierten Unternehmen doch eher solche Anbieter, die individuelle Lösungen als Massenproduktion liefern. Das ist aber nur der Fall, wenn die betreffenden Märkte, für die kundenzentrierte Innovationen eingesetzt werden, klein und begrenzt sind. Das Ziel einer Skalierungsstrategie ist es aber gerade, Märkte zu vergrößern. Außerdem kann die Diskrepanz zwischen Innovation und Massenprozessen durch automatisierte Individualisierung geschlossen werden, der sogenannten Mass Customization oder Personalization.

4.3 Ausgangspunkte und Voraussetzungen für Skaleneffekte

Die Erzielung von Skaleneffekten korrespondiert eng mit dem Schlüsselfaktor der digitalen Innovation. Wenn Unternehmen zur Lösung von Problemen zunehmend Software einsetzen, erhalten sie damit auch regelmäßig die Chance auf Erzielung von Skaleneffekten. Als digitale Güter haben Softwarelösungen die für die Erzielung von Skaleneffekten typische Kostenstruktur sehr hoher Fixkosten und geringer variabler Kosten. Skaleneffekte können dann erzielt werden, wenn für möglichst viele Prozesse Softwarelösungen eingesetzt werden sollen, die dann durch Wachstum zu Skaleneffekten führen. Die beiden Kernprozesse des E-Commerce – Online-Marketing und Logistik – sind prädestiniert, als Ausgangspunkte für Skaleneffekte genutzt zu werden. Diese beiden Prozesse bilden auch die Voraussetzungen für Skaleneffekte ab: fehlende Kapazitätsgrenzen und sich massenhaft wiederholende Prozessschritte.

4.3.1 Skaleneffekte im Online-Marketing

Online-Marketing ist ein Prozess, der zunächst die Erzielung von Kundenkontakten auf digitalen Plattformen anstrebt, um dann die entstandenen Kontakte zur erfolgreichen Vermarktung von Produkten oder Dienstleistungen zu nutzen. Die Nutzung von digitalen Plattformen ermöglicht dabei die Erzielung von Skaleneffekten. Diese lassen sich für einzelne Online-Marketinginstrumente beispielhaft ableiten.

Suchmaschinenoptimierung (SEO) und -marketing (SEM)
Die auf die Adressierung bestimmter Suchanfragen ausgerichteten Marketingmaßnahmen in der führenden Suchmaschine Google können zu signifikanten Skaleneffekten führen. Beide zur Verfügung stehenden Instrumente, SEO und SEM, setzen als Zielobjekt für die Nutzer eine digitale Plattform wie etwa einen Onlineshop oder eine Website voraus, über die sich eine große Zahl von Nutzern erreichen lässt. Dabei wird nur selten eine Kapazitätsgrenze erreicht, da die Kapazität ohne erheblichen Aufwand erhöht werden kann. Begrenzungen beim Suchmaschinen-Online-Marketing entstehen allerdings durch die Anzahl der Keywords (Suchbegriffe), die inhaltlich zu einer Plattform passen, und durch die Anzahl der Nutzer, die dieses Keyword verwenden. Eine weitere Einschränkung von Skaleneffekten ergibt sich durch den Wettbewerb.

Google als Quasi-Monopolist im Suchmaschinenmarkt fördert aber nun Skaleneffekte, indem die Rankingkriterien der Suchmaschine bereits große oder wachsende Unternehmen begünstigen. So spielt das Alter einer Plattform bzw. deren Domain eine Rolle. Weiter ist nach wie vor relevant, ob eine Plattform von anderen Plattformen verlinkt wird. Je größer also die Reichweite einer Plattform, umso größer ist auch die Wahrscheinlichkeit einer weiteren Verlinkung und damit Verbesserung der Sichtbarkeit einer Plattform.

Beispiel

Ein populäres Beispiel liefert die Online-Enzyklopädie Wikipedia. Die Verfügbarkeit einer großen Zahl von Beiträgen mit lexikalischem Anspruch führt zu einer häufigen Verlinkung der Wikipedia-Seite durch andere Seiten. Im Ergebnis erreichen Wikipedia-Beiträge regelmäßig vordere Rangplätze in der Suchmaschine.

Auch im bezahlten Suchmaschinenmarketing, das im Wesentlichen aus der Suchmaschinenwerbung Google Adwords besteht, haben größere Plattformen Größenvorteile. Je größer die Zahl der mit Hilfe von Google Adwords beworbenen Produkte und Landingpages, umso höher ist die Reichweite der Plattform insgesamt. Google Adwords begünstigt aber gerade solche Plattformen, die mit einer höheren Wahrscheinlichkeit zu einem Klick auf die Anzeigen führen, denn erst dieser Anzeigenklick führt bei Google zu einem Umsatz. Folglich sinken sowohl in der Suchmaschinenoptimierung als auch im Suchmaschinenmarketing die Kosten je Kontakt, also die Durchschnittskosten mit zunehmender Kontaktzahl.

Skaleneffekte und Kontaktpreis

Neben den durch die typischen Kostenverläufe geprägten Skaleneffekten der digitalen Kommunikation sind weitere marktmachtbedingte Skaleneffekte relevant. Unternehmen mit überdurchschnittlichen Einkaufsbudgets in der digitalen und nicht-digitalen Werbung können ihre Einkaufsmacht regelmäßig nutzen, um Rabattierungen beim Kontaktpreis zu erzielen. Auch das führt zu Größenvorteilen in der digitalen Kommunikation. Schließlich verfügen große Plattformen über größere Datenmengen, die wiederum weitergehende Analysen zulassen, auch das ein Online-Marketing-Vorteil der Skalierung.

4.3.2 Skaleneffekte in der Logistik

Während im Online-Marketing vor allem die Eigenschaften digitaler Güter und Prozesse zu nennenswerten Skaleneffekten führen, ist es im zweiten Kernprozess des E-Commerce, der Logistik, primär hoch arbeitsteiligen und sich wiederholenden Prozessen geschuldet, dass Skaleneffekte entstehen. Allerdings ist auch in der Logistik eine zunehmende Digitalisierung dieser Prozesse ein weiterer Treiber für die Entstehung von Skaleneffekten.

Der Logistikprozess im E-Commerce lässt sich in die Stufen Einkauf, Lagerung, Verpackung, Versand und Retoure gliedern (vgl. Graf und Schneider 2015, S. 150). Diese Stufen tragen in unterschiedlichem Umfang zur Entstehung von Skaleneffekten bei.

Einkauf

Der Einkauf von Waren ist ein Prozess, dessen Kostenstruktur maßgeblich von der Struktur des Sortiments abhängt. Ist das Sortiment eines E-Commerce-Unternehmens sehr umfangreich, die Absatzmengen je Artikel aber eher klein, entstehen kleinteilig strukturierte Kosten für den Einkauf und das Lieferantenmanagement, sodass Skaleneffekte schwer zu erreichen sind. Dagegen sind Sortimente mit geringer Artikelzahl und einigen Bestsellern mit hohen Absatzzahlen eine gute Grundlage, um Größenvorteile zu erzielen.

Lagerung

Auch bei der Lagerung können Skaleneffekte erzielt werden. Mit der Lagermenge können die Durchschnittskosten der Lagerhaltung sinken, wenn nicht gegenläufige Kostengrößen Relevanz erhalten. Solche Kostengrößen können steigende Kosten der Kapitalbindung oder das steigende Risiko der Lagerung sein. Letztlich lässt sich durch eine umfassende Lagerkostenanalyse eine optimale Lagermenge bestimmen, bei der die Durchschnittskosten der Lagerung minimiert und damit die Skaleneffekte maximiert werden.

Verpackung und Verpackungsmaterial

In diesem Teilprozess der E-Commerce-Logistik werden verkaufte Waren dem Lager entnommen, verpackt und in den Versand übergeben, um zum Kunden und Empfänger zugestellt zu werden. Auch dieser als „Kommissionierung" bekannte Prozess beinhaltet Größenvorteile. Da allerdings jedes einzelne Paket individuell verpackt werden muss, ist der variable Kostenanteil höher als etwa in der Lagerung. Die Effizienz kann und wird aber gesteigert, wenn durch weitgehende Zerlegung der Verpackung der repetitive Charakter bei möglichst vielen Arbeitsschritten dominiert.

Versand

Auch im abschließenden Prozessschritt, dem Versand von Waren, können Größenvorteile erzielt werden. Üblicherweise haben die meisten E-Commerce-Unternehmen diesen Schritt ausgelagert, sodass sie durch sinkende Versandkosten von den bei Paketdiensten und Speditionen entstehenden Skaleneffekten profitieren können. Bei den Paketdiensten sind die Durchschnittskosten umso geringer, je besser die Auslastung der Transportkapazitäten und des Zustellnetzwerks ist.

Der Erzielung von Skaleneffekten in der Logistik zuwiderlaufend sind Retouren. Daher ist die Retourenvermeidung eine zentrale Aufgabenstellung in der Skalierungsstrategie.

4.4 Wachstumsstrategien im E-Commerce

Skaleneffekte sind die Folge der Vergrößerung einer Plattform und nicht die Ursache. Das bedeutet, dass im Rahmen einer Wachstumsstrategie zunächst in die Erhöhung von Zugriffs-, Kunden- und Bestellzahlen investiert werden muss, bevor aufgrund gesunkener Durchschnittskosten zusätzliche Erträge erzielt werden können.

Neben den dafür erforderlichen Mitteln ist aber auch eine enge Fokussierung eines Unternehmens auf Skaleneffekte erforderlich. Diese Fokussierung bedeutet die Konzentration auf die Kernprozesse und das Wachstum der für diese Kernprozesse maßgeblichen Leistungsparameter. So sind im Online-Marketing die Reichweite oder die Zugriffe auf die Plattform entscheidende Zielgrößen. Je mehr Zugriffe erfolgen, umso geringer sind die Durchschnittskosten. Folglich ist es das Ziel einer Wachstums- oder Skalierungsstrategie, die Zugriffe bei konstanten

Fixkosten zu erhöhen. Das gilt auch für die Logistik, bei der mit zunehmender Artikelzahl und Anzahl der Bestellungen die Durchschnittskosten für Lagerung, Verpackung und Versand sinken.

Um Wachstum und Skalierung zu erreichen, eignen sich bei einer etablierten und leistungsstarken Online-Marketing- und Logistik-Plattform daher insbesondere die Vergrößerung des Sortiments oder die Erhöhung des Absatzes durch Internationalisierung. Wenn eigene Kapazitäten nicht ausgelastet sind, können diese durch das Angebot von **Outsourcing**-Leistungen an Dritte vermarktet werden. Diese spezifische Wachstumsstrategie hat sich vor allem in der Logistik als sinnhaft herausgestellt. Beim sogenannten **Fulfillment** wird die Auslastung der Kapazitäten erreicht, indem für Dritte Logistik-Dienstleistungen erbracht werden.

Eine der am weitesten verbreiteten Wachstums- und Skalierungsstrategien ist das Ziel der **Preisführerschaft** in einem E-Commerce-Markt. Allerdings ist diese Strategie häufig nicht nachhaltig, da sich ein niedriger Preis als alleiniges Kaufmotiv nicht dazu eignet, langfristige Kundenbindungen aufzubauen. Kundenzentrierte und innovative Unternehmen im E-Commerce werden neben oder besser vor der Preisstrategie eine Strategie der Exzellenzführerschaft verfolgen. Wenn Kunden vom Besuch der Plattform und von der Angebots- und Lieferleistung begeistert sind, können immer mehr Kunden an die Plattform gebunden werden: dauerhafte Skaleneffekte entstehen.

Data Driven Marketing 5

Aus dem konsequenten Einsatz digitaler Technologie resultiert das Potenzial, bei den damit durchgeführten Prozessen Daten zu erheben und diese Nutzungs- und Prozessdaten zu analysieren. Mithilfe solcher Analysen wiederum kann die Qualität operativer und strategischer Entscheidungen im E-Commerce signifikant erhöht werden.

Daraus ergibt sich ein Vorteil für alle E-Commerce-Unternehmen, die die Nutzung ihrer digitalen Plattform systematisch analysieren (vgl. McQuivey 2013, S. 46 ff.). Einen wesentlichen Erkenntniszuwachs erfährt dabei das Marketing für den Onlineshop. Datengestütztes – oder Data Driven – Marketing erhöht die Zielgenauigkeit von Werbekampagnen und hilft, den Onlineshop an die Präferenzen der Nutzer anzupassen.

5.1 Daten und die Digitalisierung der Werbung

Der Vorteil von Marketing und Werbung in den klassischen Massenmedien war jahrzehntelang, dass eine große Zahl von Rezipienten gleichzeitig erreicht werden konnte. Allerdings blieb die unmittelbare Wirkung der Werbung beim einzelnen Empfänger unklar, denn diese konnte und kann auch heute noch nur indirekt gemessen werden. Es fehlt ein Rückkanal, bei dem über Art und Umfang der Rezeption der Werbung Informationen bereitgestellt werden.

Doch der fehlende Rückkanal für Werbeaktivitäten gehört mit der Digitalisierung von Marketing und Werbung der Vergangenheit an. Dafür verantwortlich sind die technologischen Veränderungen im Online-Marketing, das die Kommunikation von Unternehmen zunehmend digital organisiert. Je stärker eine Kampagne

D. Große Holtforth, *Schlüsselfaktoren im E-Commerce*, essentials,
DOI 10.1007/978-3-658-16434-8_5

online durchgeführt oder unterstützt wird, umso größer ist der Umfang speicher- und vor allem interpretierbarer Daten zum Empfang und zur Reaktion der Empfänger. Die Daten fallen gewissermaßen als Nebenprodukt an, das in der Analyse erhebliche Wettbewerbsvorteile erzielen kann (Jeffery 2010, S. 3 ff.). Das gilt vor allem für E-Commerce-Unternehmen, bei denen ja das Gros der Geschäftsprozesse digital abgewickelt wird.

Beispiel: E-Mail-Newsletter

Während die Versendung eines Briefes im Rahmen einer Postwurfsendung keine Schlüsse über die tatsächliche Rezeption der Inhalte des Briefes zulässt, kann im Rahmen eines Software-gestützten Versands von E-Mail-Newslettern identifiziert werden, ob eine E-Mail geöffnet wurde und wie intensiv die Nutzer den Inhalt der E-Mail sowie verlinkte Inhalte genutzt haben.

5.2 Was Data Driven Marketing leistet

Werden die verfügbaren Daten herangezogen, um den Empfang von Werbung zielgenauer zu machen und die Wirkung zu optimieren, spricht man von Data Driven Marketing. Data Driven Marketing bedeutet eine Objektivierung und Rationalisierung des Marketingprozesses mit Hilfe von Daten, die die Ziel-Mittel-Relation jeder Kampagne und einzelnen Maßnahme in den Fokus des Marketings stellt.

Data Driven Marketing wird eingesetzt, um die Reaktion der Nutzer und Kunden auf die Gestaltung von Werbung und den Onlineshop im Detail zu messen. Die wesentlichen Bereiche der dabei erfassbaren Nutzungsbereiche sind:

- Zugang zum Onlineshop über verschiedene Kanäle
- zeitliche Aspekte der Nutzung des Shops
- inhaltliche Nutzung der Shop Angebote
- technische Aspekte der Nutzung
- Art und Umfang der im Onlineshop getätigten kommerziellen Transaktionen.

Mit Daten zu diesen und vielen weiteren Nutzeraktivitäten sind E-Commerce-Unternehmen in der Lage, die Akzeptanz und Nutzung der Plattform, einzelner Inhalte und Produkte zu analysieren und zu steuern. Vor allem kann die Zielgenauigkeit einzelner Maßnahmen bestimmt werden, um Streuverluste zu reduzieren.

Beispiel:
Erfolgt etwa der Zugang zu einem Onlineshop über eine Suchmaschine, kann ein suchspezifisches Trichtermodell des Nutzerflusses abgebildet und durch Messung des Nutzerverhaltens überprüft werden. Die einzelnen Stufen dieses Trichtermodells sind:

- Einblendungen einer Verlinkung in den Suchmaschinenergebnissen
- Klick auf die Verlinkung durch Nutzer
- daraus resultierender Besuch der Website oder des Onlineshops
- daraus hervorgehender Einkauf im Onlineshop.

Daraus ergibt sich die Definition des Data Driven Marketing als Methode:

▶ Data Driven Marketing ist die systematische Ausrichtung von Marketingmaßnahmen im E-Commerce an Ziel-, Prozess- und Ergebnisdaten sowie an dazugehörigen Analyseergebnissen.

Im Rahmen von Data Driven Marketing können die Ergebnisse für jeden einzelnen Schritt der Nutzer von der Akquise bis hin zur positiven Kaufentscheidung gemessen werden. Diese Customer Journey bietet den Rahmen für anschließende Abweichungsanalysen. Abweichungsanalysen helfen, Online-Marketing-Maßnahmen im E-Commerce und Einzelheiten der digitalen Plattform zur Erreichung der Teilziele zu optimieren. Führt man diese datengestützte Optimierung für alle Teilprozesse des Online-Marketings durch, erhöht sich die Effizienz signifikant.

Sie erhöht sich auch deshalb deutlich, da die Messung von Ziel-Mittel-Relation detailliert möglich geworden ist. Durch genaue Zuordnung von Maßnahmen im Online-Marketing zu den erzielten Ergebnissen (Attribution) kann die Effizienz jeder einzelnen Werbemaßnahme bestimmt werden. Ausgehend von einem Mindest-Return-on-Invest, der für den gesamten Online-Marketing-Prozess festgelegt werden kann, können suboptimale Marketingmaßnahmen korrigiert oder eingestellt werden.

5.3 Data Driven Culture als Voraussetzung für Data Driven Marketing

Die Vorteile von Data Driven Marketing liegen also auf der Hand. Um Data Driven Marketing zu implementieren, ist allerdings zunächst die Etablierung einer datenorientierten Unternehmenskultur erforderlich. Dazu gehört die grundsätzliche

Affinität und Bereitschaft, in stärkerem und möglichst großflächigem Umfang datengestützte Entscheidungen zu treffen und damit Intuition im Entscheidungsprozess zu reduzieren.

Da die Datenkultur nur schlecht als „Insellösung" funktioniert, kommt es darauf an, unternehmensweit die Entscheidungsfindung zu verändern. Wenn dieses gelingt, ist die Nutzung aller im Unternehmen verfügbaren Daten eine weitere wichtige Voraussetzung für höhere Effizienz im Marketing. Dieses setzt größere Transparenz zwischen Abteilungen und Bereichen voraus, denn ansonsten bleiben weiterhin so genannte „Datensilos" bestehen.

Ein E-Commerce-Unternehmen kann sich dann als „data driven" sehen, wenn die systematische Datenerhebung und -analyse ebenso als Bestandteil der Unternehmenssteuerung integriert ist wie die Durchführung der Analyse als täglicher Routineprozess.

Die organisatorischen Voraussetzungen für die Umsetzung des datengetrieben Marketing sind überwiegend technisch-administrativer Art. Zunächst muss ein Data Warehouse aufgebaut werden, in dem alle verfügbaren Daten gespeichert und zugänglich gemacht werden. Für diesen Aufbau der Dateninfrastruktur und für die Nutzung dieser Infrastruktur ist vor allem fachlich versiertes Personal erforderlich, das die theoretischen Grundlagen und praktische Erfahrungen in datengestützten Entscheidungsprozessen hat. Gemäß dem Industriestandard CRISP (Cross Industry Standard Process) für Datenanalyse muss ein Analyseteam folgende Voraussetzungen erfüllen und Aufgaben übernehmen:

- Verständnis für das Geschäftsmodell und die damit verbundenen Prozesse
- Verständnis der Daten
- Vorbereitung der Daten
- Modellierung der zu optimierenden Prozesse
- Bewertung des Modells
- Einsatz des Modells (vgl. Provost und Fawcett 2013, S. 27).

5.4 Data Driven Marketing und Unternehmenssteuerung

Mit den Möglichkeiten der Datenerhebung im E-Commerce verändern sich auch die Potenziale, Unternehmen zu steuern. Sind erst einmal für wichtige Prozesse Steuerungs- und Regelkreise so implementiert, dass die Qualität der Steuerung nachweisbar verbessert ist, werden sich die gewonnenen Erfahrungen mit der datengestützten Entscheidungskultur auf weitere Bereiche eines Unternehmens ausweiten lassen.

Dabei wird das bisherige Controlling nicht ersetzt, sondern entscheidend weiterentwickelt. Auch wenn die immer häufiger anzutreffende Bezeichnung „Business Intelligence“ nach einer „Revolution“ in der Unternehmenssteuerung klingen mag, bleiben doch die Controlling-Aufgaben Information, Planung, Steuerung bestehen. Durch zunehmende Detaillierung des Planungs- und Steuerungsprozesses gelingt es im Rahmen der analytischen Kultur des Data Driven Marketing jedoch eher, in weiten Bereichen von Unternehmen die Entscheidungsqualität signifikant zu steigern.

Wesentlich ist vor allem die erweiterte Kohärenz der Steuerungsmodelle, die im Rahmen der datengestützten Unternehmenskultur Abteilungs- und Bereichsgrenzen überschreiten können. Wenn es gelingt, Steuerungsmodelle zu entwickeln, die die gesamte Wertschöpfungs-, Liefer- und Leistungskette integrieren, kann die Entscheidungsqualität im Unternehmen signifikant gesteigert werden.

5.4.1 Attributionsmodellierung im E-Commerce

Eine wesentliche Leistung des Data Driven Marketing ist neben der Bereitstellung zusätzlicher Informationen die Zuordnung des Marketingaufwands zum Marketingerfolg. Dabei ist entscheidend, wie viel Marketingaufwand in welchen Kanälen entstanden ist.

Nur so kann der Beitrag jedes Kanals zum Vermarktungserfolg bestimmt werden. Dabei ist der Anspruch des Data Driven Marketing, eine möglichst detaillierte Zuordnung einzelner Kampagnen in den unterschiedlichen Kanälen zu individuellen Transaktionen zu erreichen.

Diese Zuordnung ist keinesfalls trivial und wird im Rahmen der sogenannten Attributionsmodellierung durchgeführt. Komplexität entsteht, da Kunden vor einer Kaufentscheidung in der Regel eine größere Zahl an Kontaktpunkten – sogenannten Touchpoints – mit einem Unternehmen, seiner Marke und seinen Produkten hatten. Somit muss die Attribution – also die Zuordnung – des Erfolgs einzelner Marketingmaßnahmen diese komplexe Customer Journey abbilden. Vollständig könnte das nur gelingen, wenn der Weg eines einzelnen Kunden durch sämtliche Kanäle detailliert nachverfolgt werden könnte. Allerdings ist diese Möglichkeit durch fehlende Bereitschaft der Kunden zur Datenpreisgabe und dazu passende Grenzen des Datenschutzes eingeschränkt. Eine Alternative bildet die Abbildung von typischen Verläufen der Customer Journey mit dazugehörigen Hypothesen. Im Rahmen der datenschutzrechtlich zulässigen Nachverfolgung kann ein E-Commerce-Unternehmen Zugriffe eines einzelnen Kunden aus verschiedenen Kanälen auf den Onlineshop identifizieren. Gehen einer positiven Kaufentscheidung mehrere zeitlich hintereinander gelagerte Zugriffe aus unterschiedlichen Kanälen voraus, kann im Rahmen der Attributionsmodellierung eine Differenzierung der Zuordnung des Marketingerfolgs auf die einzelnen Kanäle erfolgen. Dabei werden folgende typische Hypothesen herangezogen:

1. Der letzte Kanal vor der Kaufentscheidung ist allein maßgeblich.
2. Der erste Kanal vor der Kaufentscheidung ist allein maßgeblich.
3. Alle Kanäle sind im gleichen Maße maßgeblich.
4. Jüngere Zugänge sind maßgeblich als ältere.
5. Und weitere Hypothesen.

Diese Hypothesen können mit einer zunehmenden Zahl an Datensätzen immer effektiver überprüft und weiter spezifiziert werden. Im Ergebnis erhalten E-Commerce-Unternehmen eine gewichtete Erfolgsrechnung, mit deren Hilfe sie den Einfluss einzelner Marketingmaßnahmen auf den Absatz wesentlich detaillierter bestimmen können, als ohne Data Driven Marketing möglich gewesen wäre. Als konkretes Ergebnis der Attributionsmodellierung wird schließlich eine verbesserte Allokation der Marketingressourcen erreicht.

5.4.2 Predictive Analytics im E-Commerce

Die hohe Wettbewerbsintensität im E-Commerce macht die Planung von Sortimenten, des Einkaufs und der Lagerhaltung zu einem wesentlichen Schlüsselfaktor, bei dem Data Driven Marketing hilft, Unsicherheit abzubauen. Ziel dabei ist es vor allem, den Absatz einzelner Güter besser abschätzen zu können. Je besser eine Einschätzung zum Absatz den tatsächlichen Verkäufen entspricht, umso geringer sind Verluste aus zu hohem Einkauf, Lagerhaltung und Marketing.

Die Planung von Absatzzahlen ist nichts wirklich Neues. Neu ist allerdings, dass große Datenmengen zur Verfügung stehen, die Informationen zu Determinanten des Absatzes enthalten. Die Verwendung dieser Information sollte helfen, Kaufentscheidungen besser prognostizieren zu können.

Methoden der Predictive Analytics sind

- Korrelationsanalysen,
- Regressionsanalysen,
- Clusterbildung oder
- Entscheidungsbaumanalysen.

Dabei gilt, dass die Qualität der Vorhersagen umso besser ist, je größer die Datenmenge, je zusammenhängender Datenreihen und je umfassender die Erfahrungen sind. Allein dieser Zusammenhang sollte ein wesentliches Motiv für jedes E-Commerce Unternehmen sein, Data Driven Marketing möglichst frühzeitig einzusetzen.

Mittlerweile gibt es bereits prominente Vorhersagemodelle im E-Commerce. So hat sich Amazon das Anticipatory Shipping patentieren lassen (Quelle: Zhalgassova 2014). Dabei werden Prognosen durchgeführt, bei welchen Kunden einer spezifischen Region mit einer erhöhten Kaufwahrscheinlichkeit gerechnet werden kann. Die Vorhersage wird herangezogen, um die Bestückung der dezentralen Regionallager vorzunehmen. Im Ergebnis können die Kunden mithilfe des Anticipatory Shipping mit einer kürzeren Lieferdauer rechnen.

5.5 Data Generation – Potenzial und Verantwortung

Der Erfolg im E-Commerce verstetigt sich, wenn langfristige Kundenbindungen auf- und ausgebaut werden können. Kunden- und Nutzerdaten liefern wichtige Informationen über die Kundenreaktionen auf die digitale Plattform sowie die Akzeptanz des Produkt-, Leistungs- und Serviceangebots eines Unternehmens. Ob und wie diese Daten zur Verfügung gestellt, gespeichert, analysiert und verwertet werden können, hängt zuvor aber maßgeblich vom Vertrauen ab, das Kunden einem Unternehmen zusprechen. Zur Entstehung und Dauerhaftigkeit von Vertrauen in ein E-Commerce-Unternehmen ist zum einem eine hohe Transparenz zur Datenspeicherung und -verwendung erforderlich. Auf der anderen Seite wird die Vertrauensposition bei den Kunden nur dann Bestand haben und wachsen, wenn Kunden und Nutzer die Vorteilhaftigkeit einer engeren Bindung an bestimmte E-Commerce-Unternehmen erkennen. Damit ist Vertrauen als emotionaler Faktor auf Kundenseite in unserem Modell die Brücke zwischen Data Driven Marketing und dem vierten Schlüsselfaktor Customer Centricity.

6 Customer Centricity – Kunden im Zentrum

6.1 Kundenbindung und Wettbewerb

Im E-Commerce werden Aufbau und Organisation von langfristigen Kundenbeziehungen immer wichtiger. Hintergrund ist die hohe Intensität des Wettbewerbs um die Aufmerksamkeit der Online-Nutzer. Der starke Wettbewerb erhöht die Kontaktkosten und belastet die ohnehin schon geringen Margen des Onlinehandels. Nur solche E-Commerce-Unternehmen, denen es gelingt, durch Kundenbindung die Marketingkosten zu senken, können erfolgreich sein – so Florian Heinemann, einer der führenden Online-Marketing-Experten Deutschlands (Eisenbrand 2016). Bei der Organisation von Kundenbindung haben innovative Unternehmen einen Vorteil. Regelmäßig finden sie neue Lösungen, um ihre Kunden zu begeistern und zu binden. Diese Begeisterung gelingt insbesondere kundenzentrierten Unternehmen im E-Commerce.

> „Frage: Was ist das Rezept für diese [radikalen] Neuerungen?
> **Jeff Bezos:** Ganz einfach. Die Verbesserung der Kundenerfahrung. Um das zu erreichen, muss eine Innovation vom Konsumenten angenommen werden. Wenn diese sich nicht dafür entscheiden, sondern lieber alte Wege gehen, dann gibt es auch keine Innovationen!" (Russo 2016).

Während eine hohe Innovationsneigung Chancen und Potenziale aufgrund des technologischen Fortschritts widerspiegelt, ist der Faktor Customer Centricity eine Antwort auf die hohe Transparenz im Online-Kanal. Informationen, Bewertungen und Nutzerkommentare sind jederzeit uneingeschränkt verfügbar, sodass

D. Große Holtforth, *Schlüsselfaktoren im E-Commerce,* essentials,
DOI 10.1007/978-3-658-16434-8_6

diejenigen Unternehmen belohnt werden, die exzellenten Kundenerfahrungen hohe Priorität beimessen.

Die entscheidende Grundlage für die neue Transparenz bilden die so genannten sozialen Medien, in denen Online-Nutzer nicht mehr nur passiv Information und Unterhaltung – wie in den traditionellen Massenmedien – rezipieren. Vielmehr wandeln sie sich vom „Empfänger" zum „Sender" von Informationen. Nutzer und Kunden kommunizieren dann über ihre Erfahrungen mit Unternehmen, insbesondere mit solchen, bei denen sie online eingekauft haben. Sie bewerten und sie äußern sich in sozialen Netzwerken, die diese Bewertung mit einer hohen Reichweite und einer großen Geschwindigkeit transportieren. Auch Bewertungen auf der eigenen Plattform bzw. im eigenen Onlineshop gehören zu den sozialen Medien. Nutzer und Kunden, die aus einer großen Zahl von Anbietern auswählen können, betrachten häufig nicht den einzelnen Onlineshop, sondern „das Internet" als Ort ihres Einkaufs. Unternehmen, die Kunden vor diesem Hintergrund mit Exzellenz zufrieden stellen, können auf eine positive Bewertung und wiederkehrende Kundenbesuche hoffen. Die E-Commerce-Unternehmen aber, bei denen Kunden unzufrieden sind, müssen mit negativen Bewertungen rechnen, die dauerhaft im Internet veröffentlicht sind. Damit ist ihre Wettbewerbsposition massiv gefährdet.

6.2 Customer Centricity – eine Abgrenzung

Customer Centricity kann als Strategie und Ausrichtung der Unternehmenskultur beschrieben werden, bei der der Fokus auf die Kundengruppen mit dem höchsten Ertragspotenzial gelegt wird (Fader 2012, S. 9). Aufgrund der engeren Fokussierung auf einzelne Kundengruppen kann ein höheres Maß an Kundenbindung erreicht werden als bei einer allgemeinen Kundenorientierung. Der enge Fokus auf einzelne Kundensegmente wiederum ermöglicht einem kundenzentriertem Unternehmen die Steigerung seiner Wertschöpfung.

Die Rolle der Transparenz im Online-Kanal erfordert im kundenzentrierten Unternehmen, dass Kundenreaktionen auf Leistungsprozesse unmittelbar erfasst und analysiert werden. Die Ergebnisse dieser Analysen werden dann kurzfristig für Veränderungen und Anpassungen der Produkte, der Leistungsprozesse, aber auch von Geschäftsmodellen herangezogen.

Damit bedeutet Customer Centricity keinesfalls – wie zuweilen angenommen wird – eine reine Steigerung von Kundenorientierung. Da Kundenorientierung in gesättigten Märkten von allen Unternehmen im Wettbewerb zu erwarten ist, wäre mit einem solchen Verständnis von Kundenzentrierung kaum ein Qualitätsunterschied verbunden. Customer Centricity unterscheidet sich aber von der

Kundenorientierung gerade in der höheren und signifikanteren Relevanz von Kundenreaktionen für die Entscheidungsprozesse des Unternehmens. Während bei produkt- oder shareholderzentrierten Unternehmen Kunden Mittel zum Zweck sind, ist beim kundenzentrierten Unternehmen die dauerhafte Zufriedenheit der wichtigsten Kundengruppen der Daseinszweck des Unternehmens.

Beispiel

Aus den Anfangsjahren bei Amazon wird berichtet, dass der Gründer Jeff Bezos zur Etablierung einer Kultur der Kundenzentrierung bei Meetings einen Stuhl zusätzlich in den Raum stellen ließ – „for the most important person in the room – the customer" (Baldacci 2013).

Damit führt die Kundenzentrierung das Unternehmen zu einem andauernden Verbesserungsprozess, der erforderlich ist, um Kundenreaktionen nachhaltig in Prozesse und Produkte einfließen zu lassen. Im Zentrum steht dabei die Kundenerfahrung („User Experience"), deren Qualität sich in messbaren Kundenreaktionen niederschlägt. Allerdings kann Customer Centricity nur mit Spezialisierung gelingen. Daher gehört zur Customer Centricity zwangsläufig die Segmentierung, d. h. die Differenzierung von Zielgruppen in homogene Teilgruppen (Fader, aaO.).

6.3 Voraussetzungen für Customer Centricity

Die Bedeutung der Customer Centricity im E-Commerce entsteht, weil das Wechselspiel aus Kundensegmentierung, Messung von Kundenreaktionen und Integration daraus resultierender Erkenntnisse in Leistungsprozesse und Produkte vor allem auf digitalen Plattformen orchestriert werden kann. Digitale Plattformen sind insbesondere in der Erfassung der Nutzung durch abgrenzbare Kundensegmente und der dazugehörigen Kundenreaktion den nicht-digitalen Prozessen deutlich überlegen. Dieses hohe Maß an Transparenz bei digitalen Plattformen bildet auch den wesentlichen Grund, warum die digitalen Plattformen zunehmend Marketingprozesse dominieren.

Vor allem, wenn eine digitale Plattform selbst Teil des Leistungsprozesses ist – wie etwa bei einem Onlineshop im E-Commerce –, kann Customer Centricity umgesetzt werden. Dabei wird die Nähe zum Lean-Start-up-Ansatz von Erich Ries (Ries 2012) deutlich. Bei diesem weit verbreiteten Konzept für die Unternehmensgründung wird zunächst ein „Minimum Viable Product" entwickelt und dieses dann sukzessive an die Bedürfnisse spezifischer Kundensegmente angepasst. Dieses ist auch der zentrale Prozess bei der Customer Centricity:

- Adressierung spezifischer Kundensegmente
- Bereitstellung von Lösungen und/oder digitalen Plattformen für diese Segmente
- Messung und Analyse der Nutzerreaktionen
- Anpassung der Lösungen zur Verbesserung der Nutzer- und Kundenerfahrung

Um die Effektivität dieses Prozesses sicherzustellen, sind vor allem die Messung und die Analyse von Kundenreaktionen zentral[1]. Noch entscheidender ist aber die Bereitschaft des gesamten Unternehmens, Kundenreaktionen zur Entscheidungsgrundlage zu machen und identifizierte Mängel unmittelbar zu beheben bzw. Optimierungspotenziale konsequent zu nutzen.

6.4 Customer Centricity und Innovation

Der kulturelle Schlüsselfaktor „Customer Centricity" korrespondiert eng mit dem strategischen Faktor der Innovation, denn nur durch innovative Antworten auf neu entdeckte Kundenprobleme können Alleinstellungsmerkmale entstehen. Auch bei diesem Mechanismus wird die Bedeutung der digitalen Plattform deutlich: Bei einer digitalen Plattform lassen sich flexibel und regelmäßig auch nur mit begrenztem Entwicklungsaufwand Anpassungen von Prozessen durchführen, die dann wiederum von den Kunden als signifikanter Problemlösungsansatz wahrgenommen und bewertet werden.

Dabei liegt das entscheidende Detail der Customer Centricity darin, dass Fehler, Abweichungen und Mängelberichte herangezogen werden können, um Innovationen zu entwickeln. Sowohl Produkte als auch Prozesse können nicht nur zur einmaligen Korrektur erneuert werden, sondern vielmehr zur nachhaltigen Weiterentwicklung des Unternehmens. Damit wird die systematische Erfassung und Bearbeitung von Kundenreaktionen zur entscheidenden Grundlage für Innovationen.

Beispiel

Die Funktionalität des Onlineshops, die sogenannte Usability, ist ein entscheidender Faktor für die Profitabilität eines E-Commerce-Unternehmens. Ist der Onlineshop nicht komfortabel genug, muss ein Shop-Betreiber damit rechnen,

[1]Einen umfassenden Überblick über Customer Relationship Analytics geben Neckel und Knobloch (Neckel und Knobloch 2015).

dass Kunden ihre Nutzung und ihren Einkauf abbrechen, da sie mit der Gestaltung des Shops unzufrieden sind. Im Ergebnis sinken Conversions und Umsätze.

Eine weit verbreitete Ursache für Abbrüche von Einkäufen ist die unzureichende Gestaltung der Shop-Objekte „Warenkorb" und „Checkout". Folglich ist eine Optimierung dieser Objekte ein zentraler Ansatz zur Steigerung der Conversions. So kann z. B. eine verbesserte Platzierung des Warenkorbs im Onlineshop die Anzahl der Warenkorbabbrüche signifikant reduzieren.

6.5 Customer Centricity und Customer Lifetime Value

Im Fokus der Customer Centricity steht die möglichst langfristige Kundenbindung. Hohe Wettbewerbsintensität im E-Commerce erhöht die Kontaktkosten je Nutzer, sodass erfolglose oder nur einmalige Akquisitionen der Profitabilität der Unternehmen sehr zusetzen. Daher ist die Stoßrichtung der Customer Centricity, Nutzer bei jedem Kontakt mit Marke, Unternehmen und Produkten so zu begeistern, dass keine erneute Akquise mit Online Werbung erforderlich ist. Den Erfolg der Customer Centricity kann man daher auch sehr gut durch die Direktzugriffe auf einen Onlineshop messen. Dabei kennen Nutzer ein Unternehmen und seine Domain und geben diese direkt in ihren Browser ein.

Der Erfolg der Customer Centricity wird üblicherweise durch den sogenannten Customer Lifetime Value gemessen. Der Customer Lifetime Value ist nicht nur eine Kennziffer, sondern vielmehr die Modellierung eines Kundenlebenszyklus, innerhalb dessen der Kunde mehrere Male beim Unternehmen Produkte bestellt und Umsätze generiert. Die Akquisekosten werden den langfristig zu erzielenden Deckungsbeiträgen gegenübergestellt. Auf diese Weise erhält das Unternehmen eine rollierende Kunden-Kapitalrechnung, bei der in der Gegenwartsperiode Aufwendungen für Nutzerakquise und aktuelle Deckungsbeiträge und für die Zukunft Barwerte der künftig im Rahmen der Kundenbeziehung erzielbaren Deckungsbeiträge gegenübergestellt werden. Die Steuerung des Customer Lifetime Values hat dann zum Ziel, den künftigen Wert der Kundenbeziehungen auszubauen und auch zu realisieren.

6.6 Customer Centricity bei Amazon und Zappos

Als Marktführer im internationalen E-Commerce setzt Amazon in vielen Bereichen Maßstäbe. Sucht man allerdings nach einem zentralen strategischen Ziel des E-Commerce-Konzerns aus Seattle, ist es das breit kommunizierte Vorhaben, das

„kundenzentrierteste Unternehmen der Welt“ zu werden (vgl. Fader 2012, S. 11). Die Kundenzentrierung von Amazon führt in Verbindung mit der ausgeprägten Technologieorientierung (Onetto 2014) zu einer großen Zahl an Lösungen, die zu einer weit überdurchschnittlichen Kundenbindung geführt haben. Jeder Einkauf soll zu einer exzellenten Erfahrung führen, sodass Amazon-Kunden mit hoher Zufriedenheit immer wieder und immer häufiger bei Amazon bestellen. Mit „Amazon Prime“ hat Amazon darüber hinaus ein Kundenbindungsprogramm, das seine Qualität in seinem signifikanten Beitrag zur Umsatzerzielung unter Beweis stellt (FAZ und Statista 2016).

Weniger durch Technologie als vielmehr durch außerordentlichen Service ist es auch dem US-amerikanischen Online-Modeshop Zappos gelungen, Customer Centricity in den Kern der Marke zu implementieren (Hsieh 2010, S. 142 f.). Vor allem bei den E-Commerce-Services

- kostenfreier Versand,
- großzügige Retourenfristen und
- umfassende Kontaktmöglichkeiten zum Unternehmen

wurde Zappos Pionier für den gesamten E-Commerce. Damit erreicht Zappos ebenfalls ein hohes Maß an Kundenbindung (Pontefract 2015), die das Unternehmen zu einer dominierenden Marke im US-amerikanischen E-Commerce macht. Insofern lag es für Amazon mehr als nahe, das Unternehmen Zappos im Jahr 2009 zu kaufen.

Die beiden – sicher sehr prominenten – Beispiele für kundenzentrierte E-Commerce-Unternehmen zeigen, dass vor allem die Unternehmenskultur dafür ausschlaggebend ist, ob ein Unternehmen kundenzentriert ist. Da die Kundenzentrierung als Schlüsselfaktor ein hohes Maß an Fokussierung erfordert, ist die Ausrichtung des gesamten Unternehmen und aller Mitarbeiter auf die Kundenzentrierung zwingend. Kundenzentrierung ist anstrengend und aufwendig, sodass nur eine übergreifende Verständigung auf diesen Ansatz Erfolg versprechend sein dürfte.

7 Eine Agenda für erfolgreichen E-Commerce

Die Umsetzung der vier Schlüsselfaktoren besteht darin, Customer Centricity und Data Driven Marketing als Teil der Unternehmenskultur zu etablieren und gleichzeitig eine digitale Innovations- sowie Skalierungsstrategie zu verfolgen. Die Agenda zur Umsetzung dieses Programms bedeutet, jeden einzelnen Faktor in der Gesamtorganisation, aber auch in Teilprozessen umzusetzen. Dabei dürfte ein „E-Commerce-Workflow" als Blaupause hilfreich sein, die Kultur des Unternehmens und das Verhalten der Mitarbeiter insgesamt zu verändern.

7.1 Die Umsetzung der Schlüsselfaktoren – ein Workflow

Ein „Workflow" steht für eine feststehende Abfolge von Arbeitsschritten, die wiederholt durchlaufen wird. Der Workflow für die Umsetzung der hier diskutierten Schlüsselfaktoren im E-Commerce sollte auf alle Änderungen der Kernprozesse eines Unternehmens anwendbar sein. Eine typische Abfolge zur Anwendung der Schlüsselfaktoren ist:

1. Festlegung von Zielen und Zielerreichung
2. Messung der Zielerreichung durch Erfassung von Nutzer- und Kundenreaktionen
3. Problembeschreibung bei Abweichung von den Zielen
4. Entwicklung von digitalen Innovationen zur Erreichung von Alleinstellungsmerkmalen
5. Umsetzung der digitalen Innovationen
6. Ausweitung von erfolgreichen Innovationen, um Skaleneffekte zu erzielen
7. Anpassung oder Einstellung von erfolglosen Innovationen

D. Große Holtforth, *Schlüsselfaktoren im E-Commerce,* essentials,
DOI 10.1007/978-3-658-16434-8_7

7.2 Die Umsetzung der zentralen Schlüsselfaktoren

Um das Programm zur Umsetzung der vier Schlüsselfaktoren umzusetzen, lässt sich für jeden der hier vorgestellten Schlüsselfaktoren eine Agenda aufstellen. Diese können Unternehmen in ihre strategischen Ziele aufnehmen und dann realisieren.

7.2.1 Agenda für digitale Innovationen

Eine digitale Innovationsstrategie setzt vor allem Bereitschaft für und Zugang zu digitalen Innovationen voraus. Diese beiden Aspekte bestimmen die Agenda zur Realisierung digitaler Innovationen.

Maßnahmen zur Umsetzung Digitaler Innovationen im E-Commerce
Sicherstellung der Bereitschaft für digitale Innovationen durch

- IT als ein Kernprozess des Unternehmens, nicht nur als Infrastruktur
- IT-Verantwortliche als Mitglieder der Geschäftsführung
- Förderung der Innovationsaffinität bei den Mitarbeitern
- Optimierung des Innovationsprozesses anhand von Fehleranalysen
- Etablierung einer Lean-Start-up-Mentalität
- Agilität als das vorherrschende Merkmal bei der Umsetzung von Softwarelösungen
- Orientierung an internationalen Technologieführern
- Fokussierung auf Alleinstellungsmerkmalen durch digitale Innovationen.

Sicherstellung des Zugangs zu digitalen Innovationen durch

- Zugang zu Software-Entwicklungen und -Entwicklern
- Erschließung von Finanzierungspotenzialen für digitale Innovationen
- Potenzial zur Entwicklung eigener digitaler Innovationen
- Entwicklung einer digitalen Innovationsstrategie
- Innovationsroutinen beim Frontend, die sich an den Technologieführern orientieren
- Erfassung von Nutzerprobleme auf der Plattform als Innovationsanlässe
- Erhöhung der logistischen Leistungsfähigkeit durch Innovationen
- Fokussierung auf Innovationen, die einen Wettbewerbsvorteil bedeuten („When behind – leapfrog“)

7.2.2 Agenda für Skaleneffekte

Während die Faktoren Customer Centricity und Data Driven Marketing eine kulturelle Veränderung bedeuten, lassen sich Skaleneffekte wie digitale Innovationen als konkrete Strategie umsetzen. Die Maßnahmen dazu erstrecken sich auf alle Aktivitäten entlang der Supply Chain:

Maßnahmen zur Erreichung von Skaleneffekten

- Skaleneffekte durch Wachstum der Plattform
  - Etablierung einer Wettbewerbsstrategie für ausreichende Marktanteile und Plattformgröße
  - Fokussierung auf digitale Technologien, um Skaleneffekte auszubauen
  - Reinvestition von Erträgen in die Plattform in der Anlauf- und Anbauphase
  - Einsatz von Content- und Social Media Marketing zur Vergrößerung der Reichweite der Plattform
  - Ausbau des Sortiments zur Verstärkung der Skaleneffekte der Plattform
  - Internationalisierung zur Vergrößerung der Reichweite der Plattform
  - Auf- und Ausbau strategischer Partnerschaften, um Netzwerkeffekte zu erzielen
- Skaleneffekte im Online-Marketing
  - Automatisierung von Online-Marketingprozessen
  - Erstellung digitalen Contents
  - Crossmedialer Einsatz digitalen Contents auf eigenen und fremden Plattformen (nach Maßgabe der Logik der Plattform[1])
  - Automatisierung der Content-Erstellung
- Skaleneffekte in der Logistik
  - Größenwachstum in logistischen Prozessen durch Standardisierung
  - Reduzierung der durchschnittlichen Lagerkosten durch softwaregestützte Lagerung und Kommissionierung
  - Angebot von Fulfillment-Leistungen für externe Partner oder
  - Inanspruchnahme von Fulfillment-Leistungen von externen Partnern

Insgesamt ist der Erfolg der Skalierungsstrategie kritisch für die langfristige Profitabilität eines E-Commerce-Unternehmens. Daher sollten weitere Chancen zur Erreichung von Skaleneffekten gesucht und genutzt werden.

---

[1]So sollte Text von für die Suchmaschine optimierten Beiträgen nicht mehrfach verwendet werden. Allerdings lassen sich einmalig recherchierte Inhalte umstrukturieren, sodass das Problem des „Duplicate Content" nicht entsteht.

7.2.3 Agenda für Data Driven Marketing

Im Zuge der Digitalen Transformation steht E-Commerce-Unternehmen eine immer größer werdende Datenmenge zur Verfügung. Die Analyse dieser Daten führt zu Wettbewerbsvorteilen, Daten-„Ignoranz“ zu Nachteilen. Folglich kommt Maßnahmen zur Etablierung einer „Data Driven“-Kultur eine besondere Bedeutung zu:

Maßnahmen zur Umsetzung des Data Driven Marketing

- Erhebung, Speicherung und Verfügbarmachung der auf digitalen Plattformen entstehenden Daten
- Etablierung von Routinen zur Durchführung von Datenanalysen
- Etablierung einer datenorientierten Entscheidungskultur
- Einführung eines Data Warehouse als zentralem Speicherort der im Unternehmen anfallenden Daten
- Aufbau von qualifizierten Teams zur Entwicklung von datenbezogenen Fragestellungen und Durchführung dazugehöriger Analysen
- Verknüpfung der Unternehmensziele im E-Commerce mit Metriken und daraus abgeleiteten Kennziffern
- Weiterentwicklung des berichtsorientierten Controllings zu einer steuerungsorientierten Business Intelligence
- Durchführung von Attributionsrechnungen zur Zuordnung von Online-Marketingaufwand und -erfolg
- Etablierung von Predictive Analytics zur verbesserten Steuerung der E-Commerce-Kernprozesse
- Sicherstellung des Datenschutzes und Aufbau von Vertrauen bei den Stammkunden, um deren Bereitschaft für Data Driven Marketing sicherzustellen.

Ist einmal eine datengestützte Entscheidungskultur etabliert, kann diese ebenso an die Dynamik der E-Commerce-Technologie angepasst werden wie die Methoden und Instrumente des Data Driven Marketing. Daraus folgt eine große Bedeutung für den schnellen Einstieg in das Data Driven Marketing. Eine frühzeitige Implementierung führt zu erhöhtem Erfahrungswissen und zu größerer Reife im Umfang mit Analyseergebnissen. Auch diese Erfolge dürften im E-Commerce-Wettbewerb wettbewerbsentscheidend sein.

7.2.4 Agenda für Customer Centricity

Customer Centricity erfordert eine spürbare Veränderung in der Unternehmenskultur und bei jedem Mitarbeiter. Daher ist das Programm für die Customer Centricity auch besonders umfangreich und vielfältig:

Maßnahmen zur Umsetzung der Customer Centricity im E-Commerce

- Maßnahmen für das **gesamte Unternehmen**
  - Angebot von umfangreichen Kontaktmöglichkeiten für die Kunden
  - Unbedingter Vorrang von Kundenanliegen gegenüber den Interessen anderer Stakeholder
  - Systematische und regelmäßige Auswertung von Kundenreaktionen
  - Regelmäßige Kundenkommunikation über Newsletter oder Kundenmagazine
  - Positionierung der „Customer Care" als zentrale Querschnittsabteilung
- Umsetzung der Customer Centricity im **Frontend** des Onlineshops:
  - Vertiefung des Sortiments um zielgruppenspezifische Produktinnovationen
  - Im Zuge der Kundenzentrierung systematisch an sehr guten Bewertungen arbeiten
  - Für den Onlineshop Vertrauenssiegel etablieren
  - Gute direkte, d. h. auch telefonische Erreichbarkeit des Unternehmens sicherstellen
  - Hohes Maß an Transparenz beim Liefer- und Leistungsprozess herstellen
  - Individualisierung und Personalisierung der Shop-Nutzung anbieten
- Maßnahmen im **Online-Marketing** und in den **sozialen Medien**
  - Kunden und Nutzern die Möglichkeit geben, das Unternehmen zu bewerten
  - Veröffentlichung der Bewertungen, auch solcher mit negativem Ergebnis
  - Kunden bei negativen Bewertungen ein öffentliches Feedback geben
  - Kommunikation in den sozialen Medien mit hoher Interaktionsrate fördern
- Umsetzung der Customer Centricity im **Backend des Onlineshops:**
  - Customer Lifetime Value als zentrale Kennzahl etablieren
  - Erhöhung des Kundenwerts als strategisches Ziel einführen
  - WebAnalytics als Routineprozess etablieren
  - Zielgruppen segmentieren
  - Identifizierung besonders wertvoller Zielgruppen
  - Übermittlung von personalisierten Angeboten und Informationen an im Fokus stehende Nutzergruppen

  - Customer Relationship Management als zentralen Bereich etablieren
  - Kundenbindungsprogramme etablieren und ausweiten
  - Umfassendes Angebot an Zahlungsmethoden und Käuferschutz organisieren
  - Datenschutz, IT- und Rechtssicherheit im Onlineshop mit hoher Priorität sicherstellen
- Maßnahmen in der **Logistik**
  - Versandkostenfreiheit und/oder -transparenz
  - Tracking von Paket-Lieferungen anbieten
  - Zustellqualität und Zustellsicherheit erhöhen
  - Umfassenden Retouren-Service anbieten
  - Retourengründe analysieren, um die Retouren-Wahrscheinlichkeit zu reduzieren

Mit diesen Maßnahmen sind zentrale Aspekte der Customer Centricity adressiert, die aber – je nach Branche und Geschäftsmodell- weiter ausdifferenziert werden können.

7.3 Ausblick

Die Umsetzung der vier Schlüsselfaktoren digitale Innovationen, Skaleneffekte, Data Driven Marketing und Customer Centricity ist ein langfristiger Prozess, der fokussiert verfolgt und kurzfristig begonnen werden sollte. Die weiterhin hohe Dynamik im E-Commerce eröffnet die Chance, durch konsequente Nutzung neuer Technologien wie Internet of Things, Virtual Reality, Artificial Intelligence oder Robotik (vgl. Wolan 2016, S. 221 ff.) bereits etablierte Wettbewerber zu überholen. Um abschließend noch einmal Steve Jobs heranzuziehen: „When behind – leapfrog".

Literatur

Ansoff, I., & Stewart, J. (1967). Strategies for a technology-based business. *Harvard Business Review, 45*(6), 71–83.

ARD/ZDF. (2015). ARD/ZDF-Onlinestudie. ard-zdf-onlinestudie.de. Zugegriffen: 15. Aug. 2016.

Baldacci, K. (2013). The 7 customer service lessons from Amazon CEO Jeff Bezos. https://www.salesforce.com/blog/2013/06/jeff-bezos-lessons.html. Zugegriffen: 26. Juli 2016.

Baraniuk, C. (2015). How algorithms run Amazon's warehouses. http://www.bbc.com. Zugegriffen: 24. Aug. 2016.

Blöching, B., Luck, L., & Ramge, T. (2015). *Smart Data – Datenstrategien, die Kunden wirklich wollen und Unternehmen wirklich nützen.* München: Redline Verlag.

Christensen, C. (2016). *The innovators dilemma. When technologies cause great firms to fail.* Brighton: Harvard Business Review Press.

Collins, J. (2001). *Good to great: Why some companies make the leap and others don't.* New York: Harper Business.

Dernbach, C. (2015). Googles Kampf um die Zukunftsmärkte. http://www.dw.com/de/googles-kampf-um-zukunftsm%C3%A4rkte/a-18484265. Zugegriffen: 1. Juli 2016.

DHL. (o. J.). Technologies/& Innovations. https://www.dhl-discoverlogistics.com/cms/en/course/technologies/. Zugegriffen: 26. Juli 2016.

Eisenbrand, R. (2015). Welche Zukunft hat SEO noch. http://www.onlinemarketingrockstars.de/seo-gipfeltreffen/. Zugegriffen: 8. Aug. 2016.

Fader, P. (2012). *Customer centricity. Focus on the right customers for strategic advance* (2. Aufl.). Philadelphia: Wharton Digital Press.

Graf, A. (2016). Gafa-Ökonomie. http://www.kassenzone.de/2016/02/05/gafa-oekonomie/. Zugegriffen: 5. Juli 2016.

Graf, A., & Schneider, H. (2015). *Das E-Commerce Buch. Marktanalysen – Geschäftsmodell – Strategien.* Frankfurt a. M.: dfv.

Große Holtforth, D. (2015). Der E-Commerce Code – so steuern Sie Ihr Online Business. http://ecommerceinstitut.de/der-E-Commerce-code/. Zugegriffen: 8. Aug. 2016.

Handelsblatt. (2014). *Branchenverband warnt: Einzelhändler müssen sich gegen Online-Boom wappnen, 22.02.2014.* Düsseldorf: Handelsblatt.

Hauschildt, J., & Salomo, S. (2007). *Innovationsmanagement* (4. Aufl.). München: Vahlen.

D. Große Holtforth, *Schlüsselfaktoren im E-Commerce,* essentials,
DOI 10.1007/978-3-658-16434-8

Heinemann, G. (2010). *Der neue Online-Handel. Erfolgsfaktoren und Best Practices* (3. Aufl.). Wiesbaden: Gabler.

Heinemann, G. (2015). Lohnt sich E-Commerce überhaupt. http://etailment.de/thema/marketing/Lohnt-sich-E-Commerce-ueberhaupt-3612. Zugegriffen: 6. Juli 2016.

Hsieh, T. (2010). *Delivering happiness. A path to profits, passion and purpose.* New York: Business Plus.

Internetworld. (2016). Deutscher Online-Handels-Award vergeben. http://www.internetworld.de/E-Commerce/online-handel/deutscher-online-handels-award-vergeben-1073832.html. Zugegriffen: 27. Aug. 2016.

Jeffery, M. (2010). *Data driven marketing. The 15 metrics everyone in marketing should know.* Hoboken: Wiley.

Kopalle, P. (2014). Why amazons anticipatory shipping is pure genius. http://www.forbes.com. Zugegriffen: 24. Aug. 2016.

Laudon, K., & Traver, C. (2016). *E-Commerce 2016. Business. Technology. Society.* Boston: Pearson.

McQuivey, J. (2013). *Digital disruption – Unleashing the next wave of innovation.* Las Vegas: Amazon.

Neckel, P., & Knobloch, B. (2015). *Customer Relationship Analytics. Praktische Anwendung des Data Mining im CRM* (2. Aufl.). Heidelberg: dpunkt.

Osterwalder, A., & Pigneur, Y. (2010). *Business model generation. A handbook for visionaries, game changers, and challengers.* Hoboken: Wiley.

Russo, M. (2016). Wir stehen am Beginn eines Goldenen Zeitalters. Interview mit Jeff Bezos, erschienen in der deutschen Übersetzung. welt.de. am 27.07.2016.

Schlender, B., & Tetzeli, R. (2015). *Becoming Steve Jobs. The evolution of a reckless upstart into a visionary leader.* New York: Crown Business.

Schmidt, E., & Rosenberg, J. (2015). *How google works.* London: Hooder & Staughton.

Thiel, P., & Masters, B. (2015). *From Zero to One. Wie Innovation unsere Gesellschaft rettet.* Frankfurt a. M.: Campus.

Varian, Hal R. (2003). Economics of information technology. http://people.ischool.berkeley.edu/~hal/Papers/mattioli/mattioli.html.

Vega, J., Zaballa-Inturriagagoitia, J., & Camunez Ruiz, J. (2016). The digital ecosystem. An "Inherit" disruption for developpers. In M. Gómez-Uranga, J. M. Zabala-Iturriagagoitia, & J. Barrutia (Hrsg.), *Dynamics of big internet industry groups and future trends* (S. 149–178). Berlin: Springer.

Wolan, M. (2016). *Digitale Innovation. Schneller. Wirtschaftlicher. Nachhaltiger* (2. Aufl.). Göttingen: BusinessVillage.

Zhalgassova, A. (2014). Logistik mit Gedanken lesen. Anticipatory Shipping im Onlinehandel. In Bundesverband für Logistik. Logistic2go, Nr. 3, Dezember 2014.

Lightning Source UK Ltd.
Milton Keynes UK
UKHW02f0322210418
321376UK00016B/392/P

9 783658 164331